JN485531

AI와 공간, 살아 있는 플랫폼

AI총서

인공지능 시대입니다. 기계가 인간의 인지를 대신하고, 사물이 인간을 통하지 않고 다른 사물과 직접 커뮤니케이션합니다. 이에 따른 인간 삶과 문명 변화를 정확히 이해·예측·대응하는 것은 이 시대 우리 모두의 과제입니다. AI총서는 인공지능 기술과 환경의 여러 주제를 10가지 키워드로 정리합니다. 관련 개념과 이론, 학계와 산업계의 쟁점, 우리 일상의 변화를 다룹니다. 인간과 기술의 현재, 미래를 세심히 분석합니다.

일러두기

- 인명, 작품명, 저서명, 개념어 등은 한글과 함께 괄호 안에 해당 국가의 원어를 병기했습니다.
- 외래어 표기는 현행 어문규정의 외래어표기법을 따랐습니다.

처음이세요?

전문가세요?

지금, 큐알 찍으면

AI 입문서 바로 선물

당신만의 필독서 추천

500권 요약본 공짜

오디오북 무료 사용

AI와 공간, 살아 있는 플랫폼

김형민

대한민국, 서울, 커뮤니케이션북스, 2025

AI와 공간, 살아 있는 플랫폼

지은이 김형민
펴낸이 박영률

초판 1쇄 펴낸날 2025년 12월 5일

커뮤니케이션북스(주)
출판 등록 2007년 8월 17일 제313-2007-000166호
02880 서울시 성북구 성북로 5-11
전화(02) 7474 001, 팩스(02) 736 5047
commbooks@commbooks.com
www.commbooks.com

이 책은 커뮤니케이션북스(주)가 저작권자와 계약해 발행했습니다.
본사의 서면 허락 없이는 어떠한 형태나 수단으로도
이 책의 내용을 이용할 수 없음을 알려드립니다.

ⓒ 김형민, 2025

ISBN 979-11-430-1112-1 03500

책값은 뒤표지에 표시되어 있습니다.

차례

살아 있는 플랫폼이 된 공간

기술은 공간을 대체하는가

한때 우리는 공간의 종말을 이야기했다. 스마트폰 하나로 쇼핑, 업무, 진료까지 모든 것이 가능해졌고, 코로나 팬데믹은 이러한 흐름을 거스를 수 없는 대세로 만들었다. 재택근무와 원격 수업이 표준이 되고, 음식 배달과 온라인 쇼핑이 일상을 지배하면서, 우리는 '공간 없이도 살아갈 수 있다'는 명제가 새로운 상식처럼 받아들여지는 시대를 목격했다. 물리적 공간은 점차 중요성을 잃고 스크린 뒤의 희미한 배경으로 밀려났다.

이러한 흐름에 결정타를 날린 것은 생성형 AI의 등장이었다. 텍스트와 이미지를 넘어 건축 도면과 인테리어 디자인까지 AI가 순식간에 창작하는 시대가 열리면서, 우리는 물리적 제약 없이도 얼마든지 그럴듯한 공간을 만들고 경험할 수 있게 되었다. 이러한 흐름의 정점에는 '메타버스'가 있었다. 현실의 물리적 제약을 넘어 새로운 정체성으로 경제 활동까지 할 수 있는 그곳에서, '공간은 더 이상 물리적일 필요가 없다'는 생각은 돌이킬 수 없는 상식이 되었다. 디지털 네이티브 세대에게 가상공간에서의 소통과 경험은 현실만큼이나, 혹은 그 이상으로 자연스러운 삶의 일부가 되었다. 기술은 공간을 대체하는 것을 넘어, 더 완벽하고 이상적인 공간을 창조할 수 있는 것처럼 보였다.

하지만 시간이 흐르면서 우리는 중요한 사실을 깨닫기 시작했다. 화면 속 얼굴은 온기를 전하지 못했고, 메타버스에서 펼쳐지는 공연의 화려함은 실제 공연장의 함성을 대신할 수 없었다. 기술이 정보와 기능은 채워 줄 수 있어도, 사람 사이의 교감이나 우연한 만남이 주는 설렘, 공간 고유의 분위기까지 완벽히 재현할 수는 없었다. 디지털 화면이 제공하는 매끄러운 편리함 뒤에는, 인간의 오감을 자극하는 현실 세계의 풍부한 질감과 예측 불가능한 상호 작용이 들어설 자리가 없었다.

바로 그 지점에서 역설적인 현상이 나타났다. 디지털 세상이 넓어질수록, 사람들은 오히려 현실 공간의 가치를 다시 찾기 시작했다. 브랜드의 철학을 온몸으로 체험하는 플래그십 스토어, 새로운 커뮤니티를 만나는 공유 오피스, 커피 향을 즐기며 '머무는 이유'를 찾는 동네 카페가 다시 인기를 얻기 시작한 것이다. 이는 단순히 과거로의 회귀가 아니라, 기술만으로는 채울 수 없는 인간 본

연의 감각적, 사회적 욕구의 발현이었다. 현실 공간은 기술이 흉내 낼 수 없는 감각과 관계의 무대를 제공하며 그 존재 가치를 스스로 증명하고 있다.

AI는 공간을 없애지 않았다. 오히려 공간에 지능과 생명력을 불어넣었다. 이제 공간은 인간의 생체 리듬을 파악해 환경을 조율하고, 사용자의 동선을 학습해 에너지를 절약하며, 감정 상태에 반응해 몰입 경험을 제공한다. 이처럼 공간이 지능을 갖게 된 대표적인 사례가 바로 오늘날의 '사무실'이다. 과거처럼 단순히 책상이 모인 장소가 아니라, AI가 회의실을 예약하고, 업무 집중도에 따라 환경을 제어하며, 원격지의 동료와 매끄럽게 연결해 주는 유동적인 플랫폼으로 변모하고 있는 것이다. 이처럼 AI와 만난 공간은 기술에 의해 대체된 것이 아니라, 기술과 인간의 감각이 함께 진화하는 새로운 질서의 시작을 알린다.

살아 있는 플랫폼은 어떻게 작동하는가

AI가 많은 것을 대신하는 시대에도 공간의 중요성은 줄어들지 않는다. 그 중요성은 오히려 더 깊어지고 있다. 공간의 가치를 평가하는 기준이 '물리적 조건'에서 '경험의 가치'로 이동했기 때문이다. 이제 공간은 더 이상 위치나 면적으로만 평가받지 않는다. 그 공간이 얼마나 우리의 삶과 깊이 상호 작용하며, 의미 있는 관계와 생산적인 경험을 만들어 내는가에 따라 가치가 결정된다. 이처럼 인간과 기술을 연결하는 '살아 있는 플랫폼'으로의 진화가 바로 AI 시대에 공간의 역할이 더 중요해진 이유다.

오늘날의 공간은 여러 기술들이 결합한 복합적인 시스템이 되어 간다. 더 이상 수동적인 배경이 아니라, 우리의 감정 상태를 분석하고, 행동을 기억하며, 필요에 먼저 반응하여 최적의 환경을 제공한다.

쇼핑몰이라는 공간을 예로 들어 보자. 메타(Meta)가 출시한 스마트 안경을 쓴 소비자에게 이 증강현실(Augmented Reality, AR) 안경은 공간이 가진 거대한 감각 네트워크의 일부일 뿐이다. 또한 쇼핑몰 공간 곳곳의 카메라는 소비자의 걸음걸이와 동선을 파악하고, 매장 앞 설치된 비컨은 소비자의 체류 시간을 측정한다. 쇼핑몰 공간은 AI를 통해 바로 이 모든 데이터를 통합한다. 즉, AR 안경을 통해 얻은 '시선 데이터'와 카메라와 센서를 통해 얻은 '이동 데이터'를 결합하여 "저 운동화를 본 후, 곧장 편집 숍으로 향하고 있군"과 같이 복합적인 소비자의 의도를 추론한다. 그리고 그에 맞는 맞춤형 할인 쿠폰이나 스타일링 정보를 스마트 안경으로 전송한다.

이는 단순히 기기가 아니라, 공간 전체가 협력하여 우리의 감각을 읽고 반응하는 명백한 증거다. 공간이 우리와 함께 생각하는 파트너가 된 것이다.

더 놀라운 점은 이러한 상호 작용이 점점 더 우리가 의식하지 못하는 사이에 이루어져 가고 있다는 사실이다. 별도의 기기를 조작하지 않아도, 공간은 우리의 목소리 톤이나 걸음걸이 속도 같은 미묘한 신호를 통해 상태를 파악하고 조명, 소리, 공기 질을 자동으로 조절한다. 이는 공간이 인간의 감각과 리듬을 스스로 학습하는 '돌봄의 존재'로 진화하고 있음을 의미한다. 이는 단순한 자동화를 넘어선다. 과거의 자동화는 'A가 일어나면 B를 실행한다'는 식의 정해진 규칙만 따랐다. 하지만 이제 지능을 갖게 된 공간은 다양한 상황과 조건을 스스로 파악하고, 그에 맞는 최선의 방법을 스스로 찾아내는 똑똑한 판단 능력을 갖추고 있다.

이러한 기술의 진화는 공간의 '사회적 의미'마저 바꾸고 있다. 공동체 공간의 AI는 사람들 사이의 교류를 파악해 관계 형성을 돕고, 교육 공간의 AI는 학습자의 집중도를 높이는 환경을 조성하며, 의료 공간의 AI는 환자의 불안을 덜어 주는 정서적 위안을 제공한다. 즉, 공간은 단순히 정보를 전달하는 '인터페이스'를 넘어, 우리의 감정을 보살피고 관계를 맺어 주며 기억을 담아내는 '사회적 인프라'로 거듭나고 있다.

결국 AI 시대에 공간이 더 중요해진 이유는, 그 가치를 평가하는 기준이 '얼마나 비싼가'에서 '얼마나 똑똑하고, 얼마나 따뜻하며, 얼마나 지속 가능한가'로 완전히 전환되었기 때문이다. 이제 공간의 진정한 가치는 평당 가격이 아닌, 그곳에서 펼쳐지는 경험의 총합으로 증명된다.

공간은 누구의 경험을 담을 것인가

AI 기술 덕분에 공간은 우리 기분에 맞춰 조명을 바꾸고, 스스로 판단하여 에너지를 절약하는 등 놀라운 능력을 갖게 되었다. 이제 기술의 가능성을 넘어, 이 기술로 '어떤 가치를 창출할 것인가'를 물어야 할 때다. 센서와 알고리즘이 아무리 정교해져도, 공간의 궁극적인 목적은 그 안에서 살아가는 '사람'의 더 나은 경험을 만드는 데 있기 때문이다.

그렇기에 우리는 "이 공간은 과연 누구의 경험을 위해 존재하는가"라는 질문으로 돌아가야 한다. 이 질문은 단순히 철학적인 물음이 아니라, 미래 공간 비즈니스의 성공과 실패를 가르는 가장 중요한 질문이다.

스마트 홈의 인터페이스가 특정 세대에게만 편리하다

면 그것은 본질적인 확장의 한계에 부딪칠 수밖에 없다. 스마트 시티의 교통 알고리즘이 일부 계층의 편의만 극대화한다면, 그것은 도시 전체의 가치를 높이는 데 실패한 서비스다. 즉, 기술이 만드는 편리함이 누군가에게는 '불편함'이나 '소외감'이 되는 순간, 그 비즈니스는 확장성을 잃고 리스크에 직면하게 된다.

'효율성'과 '최적화'는 이제 기본이다. 진정한 차별점은 '신뢰'와 '포용성'에서 나온다. 고객의 데이터를 안전하게 보호하고 투명하게 활용하여 신뢰를 얻는 기업, 더 많은 사람이 차별 없이 누릴 수 있는 보편적인 경험을 설계하는 기업만이 지속 가능한 플랫폼을 구축할 수 있다. 고객은 더 이상 단순한 데이터 제공자가 아니라, 자신의 경험과 데이터에 대한 주권을 가진 파트너이기 때문이다.

따라서 우리는 이제 물어야 한다.

"우리가 만드는 공간은 정말 매력적인 고객 경험을 제공하는가?"

"우리의 기술이 공간에 있는 누구의 문제를 해결하고 있는가?"

"데이터의 혜택이 고객에게 어떻게 더 큰 가치로 되돌아가야 하는가?"

이 책은 지능을 갖게 된 공간의 경이로운 기술을 넘어, 이러한 질문에 답하며 새로운 고객 경험과 비즈니스 모델을 찾아가는 과정을 담았다. 미래 공간의 가치는 기술의 화려함이 아니라, 그 공간이 누구의 삶을 더 깊이 이해하고, 누구의 마음을 얻는가에 따라 결정될 것이기 때문이다.

이 책의 여정: 공간을 통과하는 10개의 장면

이 책은 기술이 공간과 만나 일으키는 변화를 10개의 장면으로 입체적으로 조명한다. 하지만 이 여정의 최종 목적지는 기술 자체가 아니다. 진짜 질문은 이것이다.

"이 변화가 만드는 새로운 고객 경험은 무엇이며, 이것을 어떻게 비즈니스 기회로 연결할 것인가?"

따라서 각 장은 기술이 우리의 관계, 감정, 노동, 정체성을 어떻게 재구성하고, 그 변화가 어떻게 새로운 시장을 여는지 구체적인 연결 고리를 파고든다.

이 책의 여정은 '공간'이라는 익숙한 개념이 'AI'를 만나 어떻게 지능을 갖게 되는지, 그 근본적인 변화에서 출발한다. 1장에서 공간이 살아 있는 '플랫폼'으로 재탄생하는 장면을 목격하고, 2장에서는 우리의 감각과 직접 소통하는 '인터페이스'로 진화하는 과정을 따라간다. 나아가 3장에서는 인간의 창조성을 보조하거나 때로는 넘어서는 '알고리즘'이 공간을 직접 설계하는 패러다임의 전환을 마주한다.

이렇게 지능을 갖춘 공간이 우리의 삶 속으로 깊숙이 들어오는 과정을 탐구한다. 4장에서는 AI 휴먼과 로봇이 만드는 '정서적 생태계'를 통해 감성적 돌봄의 가능성을 엿보고, 5장에서는 가장 사적인 공간인 '스마트 홈'이 어떻게 개인화된 삶의 동반자가 되는지를 살펴본다. 이 변화는 개별 공간을 넘어, 스스로 생각하고 도시와 연결되는 6장의 '스마트 빌딩'으로, 그리고 일과 삶의 경계를 허무는 7장의 '유연한 일터'로 확장되며 우리의 일상과 노동의 풍경을 근본적으로 다시 만들어 간다.

책의 후반부는 현실의 경계를 넘어 확장되는 공간의 미래와 그 이면에 감춰진 윤리적 질문을 정면으로 마주한다. 8장과 9장에서는 가상현실(Virtual Reality, VR), 증강현실(Augmented Reality, AR), 혼합현실(Mixed Reality, MR) 등 확장현실(eXtended Reality, XR) 기술과 메타버스가 여는 '확장된 현실'과 '초월적 공간'을 탐험하며, 그 안에서 우리의 정체성과 관계가 어떻게 재정의 되는지를 추적한다. 그리고 마지막 10장에서는 이 모든 변화의 동력인 '데이터'를 둘러싼 감시, 편향, 책임의 문제를 제기하며, 서문에서 던졌던 '이 공간은 누구를 위해 존재하는가'라는 질문으로 다시 돌아온다.

이 책은 기술 해설서가 아니다. 오히려 AI가 설계하는 공간 속에서 어떤 새로운 고객 경험이 탄생하고, 어떤 비즈니스 모델이 가능해지며, 궁극적으로 공간의 가치를 어떻게 재정의해야 하는지를 묻는 미래 전략에 대한 통찰에 가깝다. 더 나아가 따로 노는 지식의 나열이 아닌, 하나의 잘 짜인 이야기처럼 장을 거듭할수록 그 질문들에 대한 답에 가까워지도록 구성되었다. 미래 공간의 비즈니스 기회를 포착하고자 하는 기획자, 디자이너, 정책가는 물론, 인간과 기술의 관계 속에서 새로운 가치를 발견하고자 하는 모든 독자에게 이 책이 실용적인 관점과 전략적 영감을 제공하는 새로운 관점을 여는 창이 될 것이다.

01
지능을 품은 공간

기술의 진화는 공간을 단순한 물리적 구조물이 아닌, 사람과 기술이 실시간으로 상호 작용하는 능동적 환경으로 바꾸고 있다. 이 변화는 센서, 사물 인터넷(IoT), 클라우드 등 오랫동안 축적된 기술 기반 위에 AI가 '지능'이라는 생명력을 불어넣으면서 폭발적으로 가속화된 결과다. 다양한 공간의 '데이터'가 AI와 결합하면서 스스로 '감각'하고, 미래를 '예측'하며, 최적의 환경을 '실행'하는 능력을 갖추게 되었다. 공간은 더 이상 우리가 일방적으로 사용하는 대상이 아니라, 우리의 필요에 먼저 말을 걸어오는 지능을 갖춘 플랫폼으로 진화하고 있다.

기후 위기와 인공지능?

공간의 감각:
보이지 않는 것을 보고, 들리지 않는 것을 듣다

공간이 지능을 갖게 되는 진화는 '감각(Sense)'을 갖는 것에서 시작한다. 공간이 사람과 환경의 상태를 실시간으로 인식하고 해석하기 시작하면서, 우리는 더 이상 공간을 무생물로 대할 수 없게 되었다. 카메라, 움직임과 열 감지 센서 그리고 얼굴 인식 같은 컴퓨터 비전 기술 등 보이지 않는 신경망을 갖춘 공간은 마치 살아 있는 생명체처럼 우리를 느끼고 이해한다. 이는 공간 설계의 패러다임이 '기능' 중심에서 '공감' 중심으로 이동하고 있음을 의미한다.

독일 메르세데스-벤츠(Mercedes-Benz)의 〈에너자이징 컴포트(Energizing Comfort)〉 시스템은 이 변화를 상징적으로 보여 준다. 이 시스템은 자동차 실내가 운전자의 심리 및 신체 상태를 먼저 '감각'하고 그에 맞는 최적의 환경을 제공하는 것을 목표로 한다. 운전자의 스마트워치와 연동해 스트레스 지수나 수면의 질을 파악하고, "피곤해"라는 음성 명령을 인지하는 식이다. 그러면 자동차는 '상쾌함(Freshness)'이나 '활력(Vitality)' 같은 프로그램에 따라 조명, 공조, 음악, 시트 마사지, 향기까지 통합 제어하여 몰입형 경험을 연출한다. 공간 자체가 운전자의 상태를 이해하고 기분 전환을 돕는 '공감의 파트너'가 되어, 집중력 향상과 안전 운전이라는 실질적 가치를 창출하는 것이다.

이러한 '감각'의 확장은 우리가 머무는 모든 공간으로 퍼져 나가고 있다. 호텔과 리테일 공간이 대표적이다. 힐튼 호텔(Hilton Hotels & Resorts)의 〈커넥티드 룸(Connected Room)〉에서는 투숙객이 스마트폰 앱으로 선호하는 조명과 온도를 설정할 수 있으며, 호텔 시스템은 이 데이터를 학습해 다음 방문 시 최적의 환경을 미리 조성해 준다. 리테일 현장은 더욱 역동적이다. 나이키(Nike)의 플래그십 스토어 〈하우스 오브 이노베이션(House of Innovation)〉은 고객의 동선과 특정 제품 앞에서의 체류 시간을 감지하여 실시간으로 반응한다. 고객이 특정 스니커즈에 관심을 보이면, AI는 즉시 주변 디스플레이에 상세 정보나 스타일링 영상을 띄워 구매 경험을 극대화한다.

궁극적으로 이 공감 능력은 개인의 경험을 넘어 도시의 공공 영역으로 확장된다. 세계 최고로 꼽히는 싱가포르 창이(Changi) 공항은 단순한 교통 시설이 아니라, 수많은 센서와 AI를 통해 여행객의 경험을 실시간으로 감지하고 반응하는 거대한 '공감의 공간'이다. 예를 들어,

공항 곳곳의 카메라는 출입국 심사대의 대기 줄을 실시간 분석하여 혼잡도가 높아지면 자동으로 추가 카운터를 열도록 운영 팀에 알람을 보낸다. 또한 화장실의 사용 빈도와 만족도 데이터를 분석해, 정해진 스케줄이 아닌 가장 필요한 순간에 청소 인력을 배치한다. 이는 공간이 여행객의 보이지 않는 스트레스와 불편함을 먼저 '감각'하고, 운영을 최적화하여 문제를 선제적으로 해결하는 것이다.

공간의 예측:
보이지 않는 미래를 먼저 읽어 내다

'감각'이 현재를 읽는 능력이라면, 공간의 진정한 지능은 보이지 않는 미래를 '예측(Predict)'하는 능력에서 발현된다. 수집된 데이터를 해석하여 패턴을 파악하고, 이를 기반으로 다음에 일어날 일을 미리 내다보는 것이다. 이로써 공간은 문제가 발생한 뒤에 반응하는 수동적 존재를 넘어, 상황을 선제적으로 관리하고 사용자의 잠재적 필요를 먼저 해결하는 능동적 파트너로 진화한다.

이러한 예측 능력의 핵심에는 물리적 공간을 가상 세계에 그대로 복제하는 '디지털 트윈(Digital Twin)' 기술이 있다. AI는 이 가상 모델 위에서 수만 가지 시뮬레이션을 실행하며, 현실에 영향을 미치기 전에 최적의 시나리오를 찾아낸다.

BMW 그룹이 구축한 '가상 공장(Virtual Factory)'은 이러한 미래 예측이 어떻게 생산 현장의 비효율을 제거하는지 보여 준다. 헝가리의 데브레첸 공장은 착공도 전에 가상공간에서 완벽하게 설계되었다. AI는 이 가상 공장에서 로봇의 동선 충돌이나 작업자의 비효율적인 이동 경로 같은 잠재적 문제점들을 미리 예측하고 최적의 대안을 찾아냈다. 이는 생산 계획 비용을 30%까지 절감시키는 효과로 이어진다. 더 나아가, 전 세계 30여 개 공장의 데이터를 연결해 특정 부품의 수요를 예측하고 글로벌 공급망 전체를 최적화한다. 공간이 보이지 않는 손처럼 움직이며 미래의 생산 시스템을 지휘하는 것이다.

아마존의 물류 센터 역시 예측을 통해 효율성을 극대화한다. AI 로봇 시스템 '세쿼이아(Sequoia)'는 단순히 재고를 빠르게 옮기는 것을 넘어, 고객의 주문 패턴을 예측하여 상품을 미리 전진 배치함으로써 주문 처리 시간을 25%나 단축한다. 물류 센터가 예측과 최적화로 움직이는 거대한 두뇌 역할을 수행하는 셈이다.

이러한 공간의 예측 능력은 에너지 효율과 같은 산업의 핵심 과제에서 더욱 빛을 발한다. 구글의 데이터 센터는 AI를 통해 1시간 뒤의 내부 온도 변화를 정확히 예측한다. 서버 부하량, 외부 기온 같은 수백 개 변수를 분석해 최적의 냉각 방식을 미리 찾아내고, 이를 통해 냉각 에너지를 40%나 절감했다. 이는 공간의 지능이 복잡한 변수들의 상호 작용을 이해하고 스스로 학습하며, 최적의 미래를 만들어 가는 존재가 되었음을 명확히 보여준다.

공간의 실행:
스스로 판단하고 움직이는 운영 체제가 되다

'감각'으로 현재를 읽고 '예측'으로 미래를 대비했다면, 지능을 품은 공간의 진화는 스스로 판단하여 '실행(Respond)'하는 마지막 단계로 완성된다. 이제 공간은 인간의 개입을 최소화하며 자율적으로 작동하는 하나의 거대한 '운영 체제(Operating System, OS)'가 된다. 이 변화는 공간 가치의 중심이 건설과 인테리어라는 '하드웨어'에서, 그 안에서 작동하는 데이터와 알고리즘이라는 '소프트웨어'로 이동하고 있음을 의미한다.

트렌디함과 활기로 가득한 팝업의 격전지인 서울 성수동에 자리한 〈팩토리얼 성수〉는 이러한 '공간 OS'가 어떻게 건물의 자산 가치로 직결되는지를 명확히 보여 준다. 이 스마트 오피스의 빌딩 OS는 앞서 언급된 감각(Sense)과 예측(Predict)을 기반으로 실행(Respond)한다. 입주사 직원이 앱으로 회의실을 예약하고 방문객 차량을 등록하면(사용자 요청), OS는 로봇에게 발레파킹과 음료 배달을 지시하고(자율적 실행), 엘리베이터를 미리 호출해 놓는다(예측 기반 실행). 이 모든 서비스가 단일 OS를 통해 유기적으로 통합 관리되면서, 건물의 운영 효율은 극대화되고 입주사의 경험 가치는 높아진다. 결국 잘 설계된 공간 OS는 그 자체로 건물의 가치를 높이는 가장 중요한 '상품'이 되는 것이다.

더 중요한 것은 플랫폼으로서의 확장성이다. 훌륭한 OS가 외부 개발자에게 API(응용 프로그래밍 인터페이스)를 공개해 무한한 앱 생태계를 만드는 것처럼, 진정한 스마트 빌딩 플랫폼은 개방형 구조를 지향한다. 에너지 관리, 보안, 예약 등 다양한 외부 설루션이 OS와 쉽게 결합하면서, 건물주는 단순 임대 사업자를 넘어 입주 기업의 필요에 맞는 서비스를 제공하는 '공간 서비스 사업자(Space as a Service, SPaaS)'로 변모한다. 공간이 완결된 제품이 아니라, 끊임없이 새로운 서비스와 가치가 더해지는 지속 가능한 비즈니스 생태계가 되는 것이다.

따라서 '공간의 플랫폼화'는 장소와 관계 맺는 방식을

넘어, 공간 자체가 인간과 직접 소통하는 새로운 '인터페이스'로 확장됨을 의미한다. 만약 공간이 새로운 OS라면, 우리의 눈과 손, 목소리는 이 거대한 OS와 소통하는 새로운 마우스이자 키보드다.

이제 이 지능형 플랫폼, 즉 '살아 있는 공간'이 우리의 일상 경험을 어떻게 구체적으로 재구성하는지 마주할 시간이다.

참고문헌

에이아이타임스(2025.6.28). "[AI 리뷰] BMW 그룹, '가상 공장' 확장… AI 기반 가상 팩토리, 생산 계획 비용 30% 절감". http://www.aitimes.kr/news/articleView.html?idxno=35457

이승환(2023). "공간컴퓨팅과 AI시대, 플랫폼 진화와 정책이슈 전망". 국회미래연구원. http://www.nafi.re.kr/new/research.do?mode=download&articleNo=6910&attachNo=6423

조선일보(2023.12.9). "나이키 안파는 나이키 운동장 "미래 상점은 물건 안판다"". http://www.chosun.com/economy/weeklybiz/2023/12/07/TBYRKLRGS5FUZMCH24FZLKXZOA/

중앙일보(2024.8.20). ""월급 얼마냐고요?" 로봇이 말 걸었다 … 성수동 신기한 이 건물". http://www.joongang.co.kr/article/25271689

테크튜브(2023.10.29). "'로봇 통한 업무 자동화' 속도 높이는 아마존".
http://www.techtube.co.kr/news/articleView.html?idxno=3940

Advanced Hospitality Technologies(2024.3.18). Connected Rooms: Hilton's High-Tech Hotel Room of the Future. http://advhtech.com/blog/connected-rooms-hiltons-high-tech-hotel-room-of-the-future

Changi Airport Group(2025.5.14). Fact Sheet: Changi Airport Terminal 5. http://www.changiairport.com/en/corporate/our-media-hub/newsroom/press-releases.fact-sheet-changi-airport-terminal-5.2025.all.html

Google(n.d.). Growing the internet while reducing energy consumption. Google Data Centers. http://www.google.com/about/datacenters/efficiency

Mercedes-Benz. http://www.mercedes-benz.co.kr/passengercars/technology/magical-garage.html

02
인터페이스가 된 공간

AI가 공간의 중심에 들어서면서, 공간은 더 이상 사람이 단순히 머무는 배경이 아니다. AI는 다양한 센서 등 공간 관련 기술이 만들어 낸 데이터를 활용해, 모든 장소를 '지능형 인터페이스'로 전환하고 있다. 우리는 이제 스크린을 넘어, 시선과 제스처, 목소리처럼 지극히 자연스러운 입력을 통해 공간과 '대화'하는 시대에 들어섰다. 공간은 기술이 담기는 수동적 그릇이 아니라, 인간과 기술이 직관적으로 연결되는 실시간 상호 작용의 무대가 되고 있다.

노래하는 AI 보컬?

스크린을 넘어, 직접 대화가 가능해진 공간

지난 수십 년간 인간과 기계의 소통은 언제나 '도구'를 매개로 이루어졌다. 키보드와 마우스로 명령어를 입력하고, 손가락으로 스크린을 터치해야만 우리의 의도가 전달될 수 있었다. 이 방식은 명확했지만, 동시에 우리의 생각과 행동을 2차원 평면에 가두는 한계를 지녔다. 하지만 AI 시대의 공간은 이 모든 전제를 무너뜨린다. 이제 공간 자체가 우리의 몸짓과 시선, 목소리를 직접 이해하는 거대한 인터페이스, 즉 '공간 사용자 인터페이스(Spatial User Interface, SUI)'로 진화하고 있다.

이 혁명적 변화를 가장 명확하게 보여 주는 사례가 바로 애플이 '공간 컴퓨터(Spatial Computer)'라 명명한 〈비전 프로(Vision Pro)〉다. 사용자는 더 이상 기기를 조작하기 위해 손을 뻗거나 스크린을 만질 필요가 없다. 그저 눈으로 앱 아이콘을 응시하고 손가락을 가볍게 맞대는 것만으로 앱이 실행되고, 허공을 향해 말하는 것만으로 명령이 입력된다. 이는 인간의 가장 자연스러운 행동을 컴퓨터가 이해하는 '자연스러운 사용자 인터페이스(Natural User Interface, NUI)'의 철학이 공간 단위로 확장된 것이다. 공간이 더 이상 명령을 기다리는 수동적 배경이 아니라, 사용자의 의도를 먼저 읽고 능동적으로 작동하는 지능형 환경으로 재탄생한 순간이다.

이러한 감각 기반의 인터페이스는 단순히 편리함을 넘어, 기술과의 상호 작용을 훨씬 더 깊은 차원으로 이끈다. 네이버(Naver)의 AI 플랫폼 〈클로바(CLOVA)〉는 목소리만으로 사람의 감정을 읽어 내는 기술을 선보였다. 네이버의 공식 발표에 따르면, 이 AI는 사용자의 목소리 톤과 높낮이, 말하는 속도 등 음성의 특징을 종합적으로 분석하여 기쁨, 차분함, 슬픔, 분노의 4가지 감정 상태를 95% 이상의 정확도로 인식한다.

이 기술은 AI 돌봄 서비스인 〈클로바 케어콜(CLOVA CareCall)〉을 통해 독거 어르신에게 안부 전화를 걸 때 활용된다. 만약 대화 중 어르신의 목소리에서 '슬픔'이나 '분노'와 같은 부정적인 감정이 감지되면, AI는 이 데이터를 기록하여 사회 복지사나 보호자에게 전달한다. 이를 통해 보호자는 어르신의 정서적 변화를 조기에 파악하고 더 세심한 돌봄을 제공할 수 있다. 이는 인터페이스가 단순히 명령을 수행하는 것을 넘어, 사용자의 숨겨진 감정까지 읽고 인간의 '공감'을 돕는 중요한 신호를 보내는 단계로 진화했음을 보여 준다.

이처럼 공간 인터페이스의 진화는 우리의 명령을 수행하는 '유능한 비서'를 넘어, 감정까지 헤아려 공감하는

'따뜻한 파트너'로 나아가고 있다. 기술과의 소통이 차가운 '조작'에서 따뜻한 '교감'으로 바뀌는 혁명이 시작된 것이다.

산업 현장에서 가정까지, 인터페이스 혁신의 공간

공간이 인터페이스로 기능하는 혁신은 특정 첨단 기기에만 머무르지 않는다. 가장 복잡한 협업이 필요한 산업 현장에서부터 가장 안락한 개인의 거실에 이르기까지, 우리 삶의 모든 영역으로 빠르게 스며들고 있다.

그 변화는 생산성과 안전성의 비약적인 향상이 필요한 제조, 의료, 건설 현장에서 가장 먼저 나타나고 있다. 마이크로소프트가 혼합현실(MR)과 생성형 AI 〈코파일럿(Copilot)〉을 결합하여 공간 자체를 실시간 소통의 캔버스로 만드는 것이 대표적이다. 록히드 마틴(Lockheed Martin)의 F-35 전투기 조립 라인이 그 혁신을 증명한다. 현장 기술자가 기업용 MR 헤드셋을 착용하면, 수천 킬로미터 떨어진 설계 전문가는 기술자의 시야를 공유하며 실제 기체 위에 3D 설계도를 정확히 겹쳐 놓고 홀로그램으로 작업 지시를 내릴 수 있다. 이 순간, 물리적 공간은 두 사람을 연결하는 거대한 '공동 작업용 인터페이스'가 된다. 여기서 핵심은 이 혁신이 특정 하드웨어를 넘어, 다양한 기기에서 작동하는 개방적인 소프트웨어 플랫폼으로 확장되고 있다는 점이다.

이러한 혁신은 우리의 일상 공간으로 빠르게 확산된다. 현대자동차그룹의 '운전자 상태 경고 시스템(DSW)'은 자동차라는 개인 공간이 어떻게 탑승자를 감지하고 반응하는 인터페이스가 되었는지 명확히 보여 준다. 실내 카메라와 AI가 운전자의 피로 상태를 파악하면, 자동차는 경고음, 메시지, 시트 진동 등 공간 전체를 활용해 통합적으로 '말을 걸며' 주의를 환기한다. 자동차가 탑승자의 생체 신호를 먼저 읽고 안전을 책임지는 '감각적 파트너'로 진화한 것이다.

그 정점은 가장 사적인 공간인 가정에서 찾아볼 수 있다. LG전자의 〈LG 씽큐(LG ThinQ)〉 플랫폼은 집이라는 공간을 하나의 통합된 인터페이스로 만든다. 이는 단순히 가전을 원격 제어하는 것을 넘어, '쓸수록 나를 더 잘 아는' AI가 사용자의 생활 패턴을 학습하여 필요한 것을 먼저 제안하는 단계로 나아간다. 세탁이 끝나면 TV 화면에 알림을 띄우고 필터 교체 시기를 먼저 알려 주는 등, 집이 사용자와 먼저 '대화'를 시작한다.

결국 록히드 마틴의 생산 라인부터 도로 위 자동차, 그리고 안락한 거실에 이르기까지, 인터페이스는 더 이상 스크린 속 존재가 아니다. 이제 공간 자체가 우리와 소통하고, 우리를 이해하며, 우리의 필요에 반응하는 살아 있는 인터페이스로 변모하고 있다.

인터페이스의 종말, 경험으로 진화하는 공간

궁극적으로 공간 인터페이스는 어디를 향해 가고 있는가? 글로벌 IT 기업들은 XR 헤드셋을 시작으로, 기술이 눈에 보이지 않는 배경으로 완전히 사라지는 시대를 꿈꾼다. 애플이 '공간 컴퓨팅'으로 현실 공간의 증강을 추구하고, 메타가 '메타버스'로 가상공간의 확장을 그리는 동안, 구글은 이것들을 아우르는 '앰비언트 컴퓨팅(Ambient Computing)'이라는 비전을 제시한다. 이는 사용자가 기술의 존재를 의식하지 않아도, 주변 환경이 알아서 사용자의 필요를 예측하고 지원하는 상태를 의미한다. 즉, 최고의 인터페이스는 '존재하지 않는 인터페이스'라는 것이다.

이러한 비전 속에서 공간은 더 이상 조작의 대상이 아니다. 당신이 회의실에 들어서는 순간, 당신의 일정과 참석자 정보를 파악한 공간은 자동으로 조명과 온도를 조절하고 화상 회의 시스템을 켠다. 당신이 거실 소파에 앉아 피곤한 표정을 지으면, 집은 알아서 커튼을 닫고 잔잔한 음악을 틀어 준다. 어떤 기기를 켜거나 앱을 실행하는 행위 자체가 사라진다. 사용자의 의도와 공간의 맥락이 실시간으로 동기화되어, 모든 기술적 지원이 마치 공기처럼 자연스럽게 제공된다.

이처럼 공간 UI는 버튼과 스크린의 시대를 지나, 시선, 제스처, 음성, 그리고 공간의 맥락까지 통합하는 '총체적 경험 인터페이스'로 진화하고 있다. 인간의 감각과 의도를 실시간으로 해석하고 연결하여 즉각적인 경험을 창출하는 '살아 있는 플랫폼', 그것이 바로 AI 시대 공간의 새로운 정체성이다. 우리는 이제 바라보고, 말하고, 움직이며 공간과 대화하는 시대에 온전히 들어섰다.

이제 공간은 인간과 소통하는 법을 익혔다. 이는 인류가 역사상 가장 거대한 캔버스를 손에 넣었음을 의미한다. 그리고 그 캔버스 위에서, 생성형 AI는 이미 공간 설계와 창조의 패러다임 자체를 바꾸는, 경이로운 그림을 그리기 시작했다.

참고문헌

지디넷코리아(2023.11.16). "마이크로소프트, 업무용 생성AI에 '홀로그램' 달았다".

http://www.zdnet.co.kr/view/?no=20231116130638
현대자동차그룹(2023.7.5). "현대차그룹, 세계 최초의 기술로 새로운 상용차 시대를 열다".
http://www.hyundai.co.kr/story/CONT0000000000099995
LG전자(n.d.). "LG 씽큐(ThinQ)".
https://www.lge.co.kr/lg-thinq
Apple(n.d.). Introducing Apple Vision Pro.
https://www.apple.com/apple-vision-pro/
Google Research(2022.4.21). Hidden Interfaces for Ambient Computing.
http://research.google/blog/hidden-interfaces-for-ambient-computing/
inFIVR(2021.4.15). Lockheed Martin reduces training time by 85% using Augmented Reality Technology.
http://infivr.medium.com/-d0d3055bee8b
Meta(n.d.). Reality Labs. http://tech.fb.com/reality-labs
Microsoft(n.d.). Dynamics 365 Guides.
http://dynamics.microsoft.com/en-us/mixed-reality/guides/
NAVER CLOVA(2024.12.2). AI that can talk and understand human emotions. NAVER CLOVA Tech Blog.
http://clova.ai/en/tech-blog/ai-that-can-talk-and-understand-human-emotions-2

03
알고리즘이 설계한 공간

생성형 AI는 이제 공간을 창조하는 주체로 등장했다. 텍스트와 이미지 생성을 넘어, 3차원 공간의 설계와 시뮬레이션까지 수행하며, 건축, 도시 계획, 인터페이스 디자인의 방식 자체를 전환하고 있다. 알고리즘은 인간의 취향과 맥락을 학습해, 실시간으로 설계 조건을 조율하고 수많은 대안을 제시하며, 감각적이고 몰입적인 공간 경험을 자동으로 생성한다. 공간은 더 이상 인간이 독점하던 창조의 대상이 아니라, 인간과 AI가 함께 구성하는 공동 창작의 무대로 바뀌고 있다.

인공지능과 편향?

인간의 언어를 이해하는 창조 파트너

우리는 공간이 인간의 감각을 이해하는 '인터페이스'가 되었음을 확인했다. 이제 그 인터페이스를 통해 우리는 공간에 말을 걸고, 공간은 우리의 말을 이해하여 스스로를 '창조'하는 방식으로 응답하기 시작했다. 오랫동안 인간의 고유 영역으로 여겨졌던 디자인과 창조의 무대에, 알고리즘이라는 새로운 파트너가 등장한 것이다.

이 변화의 중심에는 생성형 AI가 있다. 이미지 생성 AI인 〈달리(DALL · E)〉와 〈미드저니(Midjourney)〉가 보여 준 충격은 시작일 뿐이었다. 이제 OpenAI의 〈소라(Sora)〉, 런웨이(Runway)의 〈Gen-2〉 등 동영상 생성 AI는 정적인 이미지를 넘어, 빛과 그림자까지 이해하며 공간 속을 이동하는 듯한 동적인 영상까지 생성해 낸다. 덕분에 건축가는 텍스트 몇 줄만으로 자신이 설계한 공간의 가상 투어 영상을 만들어 볼 수 있게 되었다.

하지만 더 큰 변화는 디자인의 과정 자체가 '명령'에서 '대화'로 진화하고 있다는 점이다. 이는 〈챗GPT〉 같은 언어 모델과 이미지 모델의 유기적인 협업을 통해 이루어진다. 예를 들어, 건축가는 먼저 언어 모델과 대화하며 "바우하우스 스타일과 한국 전통 처마의 곡선을 결합한 미니멀한 도서관"이라는 추상적인 아이디어를 구체적인 설계 개념과 조건으로 다듬는다. 그 후, 언어 모델이 생성해 준 정교한 프롬프트를 이미지 모델에 입력하여 수십 개의 시각적 결과물을 즉시 얻는다.

이는 단순히 작업 속도를 높이는 것을 넘어, 누구나 상상력을 현실로 만드는 시대를 열고 있다. AI가 디자인의 문턱을 극적으로 낮춤으로써, 전문가가 아니어도 자신의 아이디어를 얼마든지 눈앞의 결과물로 펼쳐 낼 수 있게 된 것이다. 이러한 변화 속에서 AI와 협업하는 인간의 역할 또한 단순 기술자에서, AI라는 거대한 오케스트라를 지휘하여 결과물을 만들어 내는 '창의적 지휘자'로 격상하고 있다.

인간의 한계를 넘는 최적의 설계 파트너

AI라는 새로운 파트너는 단순히 인간의 아이디어를 시각화하는 '화가' 역할에만 그치지는 않는다. 인간의 뇌가 동시에 고려하기 어려운 수백 개의 복잡한 변수를 분석해 최적의 답을 찾아내는 '천재적인 전략가'이기도 하다. 이는 설계의 목표가 단 하나의 '정답'을 찾는 것에서, 수많은 '가능성'을 탐색하고 그중 최적의 균형점을 찾는 과정으로 진화하고 있음을 의미한다.

이러한 접근법을 '생성형 디자인(Generative Design)'

이라고 부른다. 건축 분야에서 이 패러다임을 이끄는 대표 주자는 오토데스크(Autodesk)가 인수한 〈스페이스메이커 AI(Spacemaker AI)〉다. 개발자가 부지의 지형, 일조권, 건축 법규 등 수십 개의 목표와 제약 조건을 입력하면, AI는 이 모든 조건을 만족시키면서 사업 수익을 극대화할 수 있는 수천 가지의 설계안을 자동으로 생성하고 비교 분석해 준다.

그 효과는 이미 숫자로 증명되고 있다. 유럽의 한 개발사는 〈스페이스메이커 AI〉를 통해 프로젝트 계획 단계를 1년이나 단축했으며, 다른 개발사는 바다 조망이 가능한 아파트 수를 33% 늘려 110억 원 이상의 추가 가치를 창출하기도 했다. 이는 AI와의 '공동 창작'이 단순히 창의적 영감을 얻는 수준을 넘어, 프로젝트의 경제적 성패를 좌우하는 핵심 도구가 되었음을 명확히 보여 준다.

엔비디아(NVIDIA)의 〈옴니버스(Omniverse)〉는 한 걸음 더 나아가, 이러한 생성형 디자인을 실시간 시뮬레이션과 결합한다. 〈옴니버스〉의 '디지털 트윈' 환경 속에서는 설계안이 만들어지는 즉시, 건축 자재에 따른 빛의 반사나 주변 바람의 영향까지 실시간으로 검증된다. 설계 단계에서부터 건물의 미학적 측면은 물론, 물리적 성능과 지속 가능성까지 완벽하게 확인할 수 있게 된 것이다. 데이터와 시뮬레이션에 기반한 '예측 가능한 창조'의 시대가 열린 셈이다.

완성에서 생성으로, 함께 성장하는 경험 파트너

AI가 설계 과정에 깊숙이 개입하면서, '공간'이라는 결과물 자체의 성격도 바뀌고 있다. 과거의 공간이 한번 지어지면 변하지 않는 '완성된(Finished)' 형태였다면, 이제는 사용자와의 상호 작용을 통해 끊임없이 변화하고 새롭게 만들어지는 '생성되는(Generated)' 형태가 되어 가고 있다.

인테리어 및 부동산 분야의 변화가 이를 잘 보여 준다. 미국의 부동산 플랫폼 질로(Zillow)는 〈리스팅 쇼케이스(Listing Showcase)〉라는 AI 기반 프리미엄 매물 등록 서비스를 통해, 사용자가 집 안을 둘러보는 경험을 혁신했다. AI는 수십 장의 사진을 분석하여 집의 구조와 각 방의 특징을 이해하고, 인터랙티브한 평면도와 실제와 같은 가상 투어를 자동으로 생성한다.

사용자는 이 가상의 공간 안에서 단순히 집을 구경하는 것을 넘어, 생성형 AI를 활용하여 가구를 재배치하거나 벽의 색깔을 바꿔 보는 등 자신의 취향에 맞게 공간을 실시간으로 시뮬레이션해 볼 수 있다. 이는 사용자가 AI

의 도움을 받아 자신의 라이프 스타일에 맞는 공간을 직접 '창조'하는 능동적인 주체가 되었음을 의미한다.

이러한 기술은 단순히 흥미로운 경험을 제공하는 데 그치지 않고, 실질적인 비즈니스 가치로 이어진다. 질로의 발표에 따르면, 〈리스팅 쇼케이스〉를 적용한 매물은 그렇지 않은 매물에 비해 사용자의 조회 수가 75% 더 많았고, 저장되는 횟수는 80% 더 높았다. 또한, 부동산 중개인들은 이 기술을 활용하여 더 많은 판매 계약을 따낼 수 있었다. 이는 잘 설계된 '생성되는 공간'이 어떻게 고객의 참여를 이끌어 내고, 비즈니스의 성공으로 직결되는지를 명확히 보여 주는 사례다.

이러한 '생성되는 공간'의 개념은 증강현실(AR) 기술과 만나 더욱 역동적으로 변모한다. 〈포켓몬 고(Pokemon GO)〉로 유명한 나이언틱(Niantic)의 기술은 이제 단순히 AR 캐릭터를 띄우는 것을 넘어, 현실 공간을 이해하는 AI 모델인 '거대 지리 공간 모델(Large Geospatial Model)'로 진화했다.

이 AI는 도시의 건물, 동상, 표지판 등 고유한 3차원 구조를 인식하고 이해하여, 물리적 공간 전체를 하나의 거대한 '현실 인터페이스(Reality Interface)'로 만든다. 이를 통해 특정 역사 유적지 앞에서 가상 가이드가 실제

동상 뒤에서 걸어 나오거나, 축제 기간에 디지털 불꽃이 실제 건물 지붕 위에서 터지는 등, AR 콘텐츠가 현실과 완벽하게 상호 작용하는 경험을 제공할 수 있다.

물리적인 공간은 그대로지만, 그 위에 그려지는 다채로운 경험의 결은 AI에 의해 끊임없이 새롭게 디자인된다. 공간은 더 이상 고정된 형태가 아니라, 목적과 맥락에 따라 다르게 설계되는 유동적인 캔버스가 되었다.

결국 AI는 단순히 효율적인 도구를 넘어, 인간의 창의성을 증폭하고 공간 경험 자체를 재정의하는 '공동 창작자'로 자리 잡고 있다. 이제 공간을 설계하는 것은 단지 구조를 만드는 행위가 아니라, 그 안에서 펼쳐질 무한한 경험과 상호 작용의 가능성을 디자인하는 일이 되었다.

이렇게 인간의 언어를 이해하는 '창조 파트너', 최상의 설계를 제안하는 '설계 파트너', 그리고 사용자와 함께 성장하는 '경험 파트너'로서 AI는 우리 자신과 공간의 관계를 근본적으로 바꾸고 있다. 이제 기술의 시선은 우리의 가장 깊은 내면, 즉 '감정'을 향하기 시작했다.

참고문헌

유훈식(2024.4.12). "[인공지능 시대의 디자인] AI로 건축 디자인에 새로운 패러다임을 열고 있는 회사". 모비인사이드.

http://www.mobiinside.co.kr/2024/04/12/aiarchitecture/
신동윤(2024). "AI의 역할과 활용: 건축 디자인에서 챗GPT와 달리(DALL.E)의 통합적 접근". 《대한건축학회논문집》, 40(2), 67~76쪽.
Autodesk(2020.11.24). Autodesk Completes Acquisition of Spacemaker, Provider of AI and Generative Design-enabled Urban Design Platforms.
http://investors.autodesk.com/news-releases/news-release-details/autodesk-completes-acquisition-spacemaker-provider-ai-and
Niantic(2024.11.12). Building a Large Geospatial Model to Achieve Spatial Intelligence. Niantic Blog.
http://nianticlabs.com/news/largegeospatialmodel
NVIDIA(n.d.). NVIDIA Omniverse overview.
http://www.nvidia.com/en-us/omniverse/
Zillow Group(2024.4.16). New Zillow data shows Listing Showcase helps agents win more listings, sell homes faster and earn more money for clients. Zillow Group News.
http://www.zillowgroup.com/news/listing-showcase-helps-agents-win-more-listings/

04
공감하고 돌보는 공간

AI가 창조하는 공간의 방향은 인간의 가장 깊은 내면, 즉 '감정'을 향하고 있다. AI 휴먼(AI Human)은 인간의 감정과 맥락을 인식하고 공감하며, 공간을 정서가 흐르는 무대로 변화시키고 있다. 여기에 AI 로봇(AI Robot)이 결합하면서, 감성적 상호 작용은 언어를 넘어 물리적인 행동과 돌봄의 영역으로까지 확장되고 있다. 우리는 이제, 사람의 감정을 이해하고 반응하며 나아가 물리적 실행까지 가능하게 하는 '감성 돌봄 기반의 공간'을 마주하고 있다.

청각장애인과 AI?

공간에 깃든 마음, AI 휴먼의 등장

호텔 로비의 풍경이 바뀌고 있다. 24시간 대기하는 직원을 대신해, AI가 여행객의 질문에 응답한다. 호텔 관리 시스템 제공업체 룸마스터(RoomMaster)가 선보인 AI 기반 컨시어지 설루션이 대표적이다. 이 AI 컨시어지는 호텔 웹사이트나 메시지 앱을 통해, 마치 숙련된 직원처럼 고객과 대화를 나눈다.

이 장면은 공간이 어떻게 인간의 감정과 교감하기 시작했는지를 상징적으로 보여 준다. 과거의 공간이 물리적 기능과 효율성을 중심으로 설계되었다면, 이제는 그 안에서 살아가는 사람들의 정서적 경험을 최우선으로 고려하기 시작한 것이다.

이 변화의 중심에 바로 AI 휴먼(AI Human)이 있다. 이 기술의 핵심은 생성형 AI와 감성 인식 기술(Affective Computing)의 결합이다. AI 휴먼은 단순히 정보를 전달하는 키오스크를 넘어, 인간처럼 '공감하고 반응하는' 감성적 인터페이스로 진화하고 있다.

이러한 진화의 핵심 동력이 바로 검색 증강 생성(Retrieval-Augmented Generation, RAG) 기술이다. 룸마스터의 AI 컨시어지는 RAG 기술을 통해 호텔의 전체 예약 시스템, 시설 정보 등 내부 데이터베이스와 실시간으로 연결된다. 예를 들어, 한 여행객이 "내일 제 예약에 대해 늦은 체크아웃이 가능한가요"라고 물으면, AI는 즉시 그의 예약 정보를 검색(Retrieve)하고 호텔 규정을 확인한 뒤, 이를 바탕으로 가장 정확한 답변을 생성(Generate)해 준다. 이는 AI가 그럴듯한 답변을 지어내는 것이 아니라, 공간(호텔)이 가진 고유의 데이터를 바탕으로 개인화된 응대를 제공하는 '대화형 플랫폼'으로 진화했음을 의미한다.

이러한 AI 휴먼의 역할은 고객 응대를 넘어 교육 영역으로까지 확장된다. 마이크로소프트(Microsoft)는 텍스트만 입력하면 AI 아바타가 실제 사람처럼 자연스러운 표정과 제스처로 그 내용을 전달하는 기술을 선보였다. 딱딱한 텍스트로만 제공되던 온라인 교육 자료를 친근한 표정의 AI 강사가 설명해 주면, 학습자는 훨씬 더 높은 몰입감과 정서적 유대감을 느끼게 된다. 이처럼 AI 휴먼은 다양한 산업 공간에서 그곳에 머무는 사람들에게 '정서적인 온기'를 더하는 존재가 되어 가고 있다.

말을 넘어 행동으로, AI 로봇이 만드는 물리적 세계

AI 휴먼이 언어와 표정으로 공간에 감성적 숨결을 불어

넣는다면, AI 로봇은 그 지능을 물리적인 행동으로 완성한다. 디지털 세상에 머물던 AI의 지능이 로봇이라는 신체를 얻어 현실 공간으로 걸어 나오면서, 우리는 비로소 공간이 우리를 위해 '움직이는' 장면을 목격하게 되었다. 2024년 테슬라의 〈옵티머스(Optimus)〉가 셔츠를 개는 등 인간의 복잡한 움직임을 모방하는 장면을 보여 준 이후, 휴머노이드 로봇 기술의 발전은 눈부시다.

이러한 기술 진화의 한 축은 AI의 경이로운 '모방 학습(Imitation Learning)' 능력이다. 스탠퍼드 대학의 '알로하(ALOHA)' 프로젝트가 그 가능성을 극적으로 보여 준다. 연구자가 로봇을 원격 조종하여 특정 작업을 50여 회 반복 시연하면, 로봇은 그 움직임과 주변 환경 데이터를 통째로 학습해 스스로 작업을 수행한다. 새우를 볶고, 쏟아진 와인을 닦아 내는 등 복잡하고 섬세한 일상 작업을 성공적으로 해내는 것이다. 이는 로봇이 프로그래밍된 동작만 반복하는 시대를 지나, 인간의 시연을 통해 거의 모든 물리적 작업을 빠르게 학습하는 시대의 서막을 알린다. 특정 용도를 넘어 어떤 작업이든 학습 가능한 '범용 로봇'의 등장이 가까워진 것이다.

진화의 또 다른 축은, 놀라운 속도로 진행되는 로봇의 '대중화'다. 중국 유니트리 로보틱스(Unitree Robotics)

의 휴머노이드 로봇 〈G1〉은 이 변화의 신호탄이다. 정교한 동작을 수행하면서도 기본 모델의 가격이 1만 6000달러(약 2200만 원)에 불과하다. 억대를 호가하던 기존 시장의 판도를 뒤흔드는 파격적인 가격이다. 핵심 부품 자체 개발과 공정 단순화 같은 원가 절감 노력 덕분에, 이제 대학 연구실이나 중소기업에서도 휴머노이드 로봇을 연구 및 자동화에 활용할 수 있게 되었다. 로봇이 더 이상 거대 자본의 전유물이 아니라, 언젠가 우리 집 거실의 '가전제품'이 될 수 있음을 예고하는 강력한 신호다.

이러한 물리적 실행 능력은 병원처럼 복잡한 공간에서 인간의 작업을 돕는 파트너로서 빛을 발한다. 딜리전트 로보틱스(Diligent Robotics)의 AI 로봇 〈목시(Moxi)〉는 간호사들의 반복적인 업무를 대신함으로써 더 나은 돌봄 환경을 만든다. 로봇이 처방 약이나 의료 샘플을 운반하는 동안, 간호사들은 서류 작업 같은 비본질적인 업무에서 벗어나 환자의 손을 한 번 더 잡아주고 불안한 마음을 다독이는 등 인간적인 교감이 필요한 본질적인 역할에 더 집중하게 된다. 이는 로봇이 인간의 일을 대체하는 것이 아니라 오히려 인간이 더 인간다운 '돌봄'을 실천하도록 돕는 새로운 협업의 풍경을 보여 준다.

감성 지능을 품은 공간, 새로운 정서적 생태계의 탄생

AI 휴먼의 '공감 능력'과 AI 로봇의 '물리적 실행력'은 이제 하나로 합쳐져, 인간의 가장 깊은 내면을 보살피는 '정서적 생태계'를 구축하고 있다. 이는 단순히 작업을 돕는 것을 넘어, 외로움을 달래고 마음을 연결하는 '공감과 돌봄'의 영역으로 기술이 진입했음을 의미한다.

초고령화 사회에 접어든 지금, 이 변화는 시니어 케어 분야에서 가장 두드러진다. 일본 산업기술총합연구소(AIST)가 개발한 물개 모양의 교감 로봇 〈파로(PARO)〉는 전 세계 30개국 이상의 요양 시설에서 활용되며 정서적 안정감을 주는 '로봇 테라피'의 문을 열었다. 〈파로〉는 수십 개의 센서로 사람의 손길, 목소리, 빛 등을 감지하고, 실제 아기 물개처럼 소리를 내며 눈을 깜빡이는 등 풍부한 상호 작용을 통해 치매 환자의 불안 증세를 완화하고 우울감을 줄여 준다. 약물 치료가 아닌, 따뜻한 교감을 통해 마음을 치유하는 것이다.

소프트뱅크 로보틱스의 〈페퍼(Pepper)〉는 여기서 더 나아가, 가슴에 달린 태블릿으로 함께 게임을 하거나 음악에 맞춰 체조를 유도하는 등 보다 적극적인 상호 작용을 통해 어르신들의 인지 능력 향상과 사회적 고립감 해

소를 돕는 소셜 로봇의 역할까지 수행할 수 있다.

국내 스타트업 효돌(Hyodol)이 개발한 〈AI 돌봄 로봇〉은 이러한 '교감'을 넘어 '연결'로 생태계를 완성한다. 손주를 닮은 이 '반려 로봇'은 어르신의 우울감을 낮추고 약 복용 순응도를 높이는 직접적인 돌봄을 제공할 뿐만 아니라, 수집된 데이터를 보호자의 앱과 지방 자치 단체의 관제 시스템으로 실시간 전송한다. 이는 AI 로봇 하나가 어르신과 가족, 그리고 지역 사회를 잇는 촘촘한 '정서적 안전망'으로 기능하는 것이다. 공간(집)이 더 이상 고립된 장소가 아니라, 따뜻한 돌봄이 연결되는 생태계의 중심이 된 사례다.

결국 AI 휴먼과 로봇의 융합은, 공간을 감각, 언어, 행동이 유기적으로 연결된 감성적 돌봄 플랫폼으로 진화시키고 있다. 우리는 이제 효율을 넘어 공감을 이야기하고, 기능을 넘어 관계를 맺는 '살아 있는 존재'로서의 공간과 마주하고 있다. 이 따뜻한 기술이 가장 먼저, 그리고 가장 깊숙이 스며들 곳은 바로 우리의 가장 사적인 공간인 '집'이다. 이제 기술은 그곳에서 우리의 일상을 더욱 정교하게 감싸는 동반자가 될 준비를 마쳤다.

참고문헌

전자신문(2025.1.7). “효돌, CES서 글로벌 고령화 사회 대비 AI 돌봄 로봇 선봬”. http://www.etnews.com/20250107000065

Diligent Robotics(n.d.). Moxi: Care is a team effort. http://diligentrobots.com/moxi

Hotel Tech Report(2025.7.17). roomMaster Launches AI-Powered Concierge Solution to Address Independent Hotel Operational Challenges. http://hoteltechreport.com/news/roommaster-launches-ai-powered-concierge-solution-to-address-independent-hotel-operational-challenges

Microsoft(2025.8.7). 텍스트 음성 변환 아바타란?. https://learn.microsoft.com/ko-kr/azure/ai-services/speech-service/text-to-speech-avatar/what-is-text-to-speech-avatar

Tesla(n.d.). AI & Robotics. http://www.tesla.com/ai

Unitree Robotics(n.d.). Unitree G1 Humanoid Agent, AI Avatar. http://www.unitree.com/g1

05
나를 알아주는 공간

AI는 이제 집 안 깊숙이 들어와, 거주자의 감정과 일상을 읽고 먼저 반응하는 존재가 되었다. 스마트 홈은 더 이상 개별 기기를 제어하는 단순한 자동화를 넘어, 수면, 건강, 식습관, 감정, 일정 등 삶의 모든 데이터를 종합하여 일상 전체를 조율하는 지능형 플랫폼으로 진화하고 있다. 집은 더 이상 명령을 기다리는 수동적인 도구가 아니라, 우리의 삶을 함께 설계하고 돌보는 가장 개인적인 동반자가 되고 있다.

AI 콘텐츠 크리에이터?

나를 아는 집, 보이지 않는 일상을 설계하다

진정한 스마트 홈은 개별 기기를 원격으로 제어하는 단계를 넘어, 우리가 무언가를 명령하기 전에 이미 다음 행동과 필요를 예측하고 움직이는 단계로 진화했다. 이는 집이 우리의 고유한 생활 패턴과 생체 리듬, 숨겨진 선호도까지 학습하는 '초개인화된 일상 설계자'가 되었음을 의미한다.

이러한 지능적인 돌봄은 우리가 잠든 사이에도 계속된다. 애플 워치와 같은 웨어러블 기기가 밤새 수면의 질을 분석하면, 스마트 홈은 이 데이터를 기반으로 우리가 가장 얕은 잠에 들었을 때를 포착해 몸에 부담이 적은 방식으로 깨운다. 이 신호는 단순히 알람을 울리는 데 그치지 않고, 필립스 휴(Philips Hue) 같은 스마트 조명이 실제 일출처럼 서서히 빛을 밝히고 전동 커튼을 열어 주는, 집안 전체가 하나의 오케스트라처럼 움직이는 '기상 시나리오'를 실행한다.

이러한 지능은 점차 보이지 않는 네트워크를 넘어, 우리와 함께 호흡하고 움직이는 물리적 실체로 진화한다. 삼성의 '볼리(Ballie)' 같은 AI 동반자 로봇이 대표적이다. 이 로봇은 사용자를 따라다니며 벽이나 바닥을 스크린 삼아 필요한 정보를 보여 주는, 살아 움직이는 인터페이스 역할을 수행한다.

스마트 홈의 궁극적인 비전은 이 모든 기기와 데이터를 하나의 통합된 운영 체제(OS) 위에서 매끄럽게 연결하는 것이다. 삼성의 '스마트싱스(SmartThings)' 생태계가 그리는 미래가 좋은 예다. 침실의 수면 데이터와 헬스 앱의 활동량 데이터가 주방으로 연결되면, AI 카메라가 내장된 냉장고는 그 안의 식재료를 바탕으로 개인에게 최적화된 저녁 메뉴를 추천한다. 추천된 레시피는 스마트 오븐으로 자동 전송되어 예열까지 마친다.

이처럼 식재료 관리부터 조리까지 음식 경험의 전 과정이 하나의 흐름으로 통합되면서, 집은 더 이상 수동적인 공간이 아니라 우리의 건강과 일상을 적극적으로 설계하고 관리하는 지능형 생활 파트너로 거듭나고 있다.

편의를 넘어, 안전과 건강을 지키다

지능형 파트너로서의 집은 단순히 일상의 편의를 높이는 데 그치지 않는다. 거주자의 안전을 지키고 건강을 증진하는 '24시간 라이프 가디언'으로서의 역할을 수행한다.

먼저 스마트 홈의 보안 기능은 이제 외부 침입을 감지하는 수준을 넘어섰다. 대표적으로 아마존의 구독 서비스인 '알렉사 긴급 지원(Alexa Emergency Assist)'에 포함된 '원격 감지' 기능을 들 수 있다. 이 서비스는 집 안의 AI 스피커 마이크를 활용하여, 가족들이 모두 외출한 시간에 유리 깨지는 소리, 연기 감지기 또는 일산화 탄소 경보기 소리 등을 지능적으로 감지한다. 만약 이상 징후가 포착되면, 시스템은 즉시 사용자의 스마트폰으로 경고 알림을 전송하고 감지된 소리를 직접 들어 볼 수 있게 한다. 이는 집이 단순한 물리적 방어막을 넘어, 상황의 맥락을 인지하고 판단하는 지능형 경비 시스템으로 진화했음을 보여 준다.

헬스케어는 스마트 홈이 가장 큰 가치를 창출하는 영역이다. 구글의 '네스트 허브(Nest Hub)' 2세대 모델은 별도의 웨어러블 기기 없이도, 내장된 저전력 레이더 '솔리(Soli)'를 통해 수면 중 호흡 패턴과 움직임을 감지하여 코골이나 무호흡 같은 수면 방해 요인을 분석한다. 하지만 구글의 비전은 여기서 멈추지 않는다. 생성형 AI 제미나이(Gemini)를 자사의 헬스케어 플랫폼에 본격적으로 통합하여, 당뇨병과 같은 만성 질환 관리 서비스로 그 영역을 확장하고 있다.

이제 시스템은 웨어러블 기기나 연속 혈당 측정기(Continuous Glucose Monitor, CGM) 등 다양한 기기에서 수집된 데이터를 통합적으로 분석한다. 그리고 단순히 데이터를 나열하는 것을 넘어, "어젯밤 수면의 질이 낮았던 것이 오늘 아침 혈당 수치에 영향을 준 것 같습니다"와 같이 데이터 간의 숨겨진 인과 관계를 분석하고 개인화된 건강 코칭을 제공한다. 이 과정에서 네스트 허브는 복합적인 건강 정보를 시각화하고 AI의 분석 결과를 사용자에게 보여 주는 가정 내 '헬스케어 대시 보드'이자 '코칭 인터페이스' 역할을 수행한다.

특히 고령자가 혼자 거주하는 집에서 스마트 홈의 역할은 절대적이다. 정해진 시간에 약 복용을 잊지 않도록 음성으로 알려 주는 것을 넘어, 알렉사 긴급 지원의 '낙상 감지' 기능과 같은 안전 관련 서비스들도 주목받고 있다. 이 기능은 집안 곳곳에 설치된 에코 디바이스들을 통해 심각한 낙상으로 의심되는 상황이 감지되면, AI가 먼저 사용자에게 도움이 필요한지 묻고, 응답이 없을 경우 사전에 지정된 가족이나 응급 서비스에 자동으로 연락을 취한다. 집이 단순한 휴식 공간을 넘어, 가족의 건강과 안전을 책임지는 가장 든든한 돌봄 공간으로 기능하는 것이다.

공감하고 성장하는 생활 파트너, 집이 말을 걸다

이제 스마트 홈은 우리의 명령을 수행하는 단계를 지나, 먼저 말을 걸고 우리와 감정적으로 교류하며 함께 성장하는 '생활 파트너'로 진화하고 있다. 이 극적인 변화의 중심에는 '대규모 언어 모델(LLM)'이 있다. 이 기술 덕분에 집이라는 공간에 비로소 '기억'과 '추론' 능력이 부여된 것이다.

과거의 AI 스피커가 정해진 명령어에만 반응하는 차가운 기계음에 가까웠다면, 2025년을 기점으로 아마존의 '대화형 알렉사(Conversational Alexa)'와 구글의 '제미나이'는 완전히 새로운 차원의 상호 작용을 선보인다. 이들의 혁명은 단순히 말을 더 잘 알아듣는 것을 넘어, 대화의 맥락을 기억하고 사용자의 숨겨진 의도와 감정의 뉘앙스를 이해하는 데 있다.

예를 들어, 당신이 지친 목소리로 "나 오늘 진짜 최악이었어"라고 말한다고 가정해 보자. 과거의 AI는 "잘 이해하지 못했습니다"라고 답했을 것이다. 하지만 이제 AI는 당신의 목소리에서 피로와 스트레스를 감지하고, 따뜻한 공감의 언어로 먼저 말을 건넨다. "정말 힘든 하루를 보내셨군요. 지난번에 그럴 때는 따뜻한 조명 아래서 재즈 음악을 들으니 기분이 좀 나아진다고 하셨는데, 그렇게 해 드릴까요? 아니면 좋아하시는 코미디 영화 한 편 찾아 드릴까요?"

이 짧은 대화는 놀라운 변화를 압축적으로 보여 준다. AI는 당신과의 과거 대화('지난번에…')를 기억하고, 현재 상태에 가장 도움이 될 만한 해결책('음악 또는 영화')을 스스로 추론하여 제안한다. 사용자는 더 이상 '조명 켜 줘' 같은 개별 명령을 내릴 필요가 없다. 그저 자신의 감정을 표현하는 것만으로, 집이 알아서 모든 기기를 오케스트라처럼 지휘하여 최적의 '정서적 경험'을 연출해 준다.

이러한 능력은 일상의 모든 순간으로 확장된다. 부모님의 결혼기념일 선물을 함께 고민해 주는 아이디어 파트너가 되고, 복잡한 여행 계획을 짜는 유능한 비서가 되어 주기도 한다. 이처럼 AI가 우리의 삶의 맥락을 더 깊이 이해하고 기억할수록, 집은 우리의 과거를 바탕으로 현재를 돌보고, 더 나은 미래를 함께 설계하는 가장 사적이고 지능적인 플랫폼으로 거듭난다.

이렇게 한 개인의 삶을 정교하게 감싸안는 지능형 공간의 원리는, 이제 집의 경계를 넘어 수많은 사람이 모여 만드는 거대한 유기체로 확장될 준비를 마쳤다. 다음 무대는 바로 '스마트 빌딩'이다.

참고문헌

디지털투데이(2024.8.7). “구글, 스마트홈 제품군에 제미나이 통합한다” http://www.digitaltoday.co.kr/news/articleView.html?idxno=528452

인공지능신문(2024.5.17). “삼성전자, '비스포크 AI 패밀리허브' 신제품 출시…소비자 선택권 넓혀”. https://www.aitimes.kr/news/articleView.html?idxno=31176

Byline Network(2025.1.7). “[CES2025] 삼성전자의 올해 화두는 ‘연결된 지능’”. http://byline.network/2025/01/06-139/

Amazon((2025.2.26). “Introducing Alexa+, the next generation of Alexa. About Amazon. http://www.aboutamazon.com/news/devices/new-alexa-generative-artificial-intelligence

Akella, R.(2025.5.22). Bringing Gemini intelligence to Google Home APIs. Google for Developers Blog. http://developers.googleblog.com/en/bringing-gemini-intelligence-to-google-home-apis/

Philips(n.d.). 필립스 휴: 스마트 조명 시스템. http://www.philips-hue.com/

SafeWise(2024.1.27). Alexa Guard No Longer Supported: What You Need to Know. http://www.safewise.com/news/alexa-guard-no-longer-supported-what-you-need-to-know/

06
생각하고 작동하는 공간

AI는 개별 주거 공간의 경계를 넘어, 수많은 사람이 일하고 생활하는 거대한 유기체, 바로 '빌딩'으로 확장된다. 스마트 빌딩은 더 이상 단순한 설비 제어 시스템이 아니라, AI와 디지털 트윈을 통해 스스로 상황을 예측하고 자율적으로 운영되는 '생각하는 환경'으로 진화하고 있다. 이제 공간 운영의 중심은 사람의 직관에서 알고리즘의 분석으로, 사후 대응에서 데이터 기반의 예측과 최적화로 이동하고 있다. 빌딩은 생각하는 플랫폼이자, 도시와 산업의 미래를 설계하는 살아 있는 구조물이 되었다.

AI와 민주주의?

건물의 디지털 두뇌, '빌딩 OS'의 탄생

스마트 빌딩의 혁명은 건물이 스스로를 인지하는 '디지털 두뇌', 즉 '빌딩 운영 체제(Building OS)'를 갖는 것에서 시작된다. 이는 단순히 건물의 3차원 도면을 넘어, 그 안의 모든 설비와 센서, 더 나아가 사람들의 활동 데이터까지 실시간으로 반영하는 거대한 소프트웨어다. 이 OS 위에서 건물의 모든 기능은 마치 스마트폰의 앱처럼 유기적으로 작동한다.

이는 과거의 건물 자동화 시스템(BAS)과는 근본적으로 다른 차원의 접근이다. BAS가 '실내 온도가 26도 이상이면 에어컨을 켠다'는 식의 정해진 규칙만 따랐다면, 빌딩 OS는 외부 기온, 전력 요금, 사람들의 밀집도 등 수많은 변수를 종합적으로 분석하여 '가장 효율적이고 쾌적하게 24도를 유지하는 최적의 방법'을 스스로 찾아낸다.

공간 가치 극대화를 위해 빌딩 OS를 만들겠다고 선언한 〈팩토리얼 성수〉는 바로 이 빌딩 OS가 어떻게 입주사의 '경험 가치'를 극대화하는지 보여 주는 대표적인 예다. 직원들은 단일 앱으로 방문객 등록부터 로봇 배달 서비스까지 모든 것을 해결하며, OS는 이 모든 디지털과 물리적 경험을 매끄럽게 연결한다.

이러한 '빌딩 OS'로의 전환은 특정 신축 건물의 시도를 넘어, 글로벌 산업의 거대한 흐름이 되고 있다. 140년 역사의 존슨콘트롤즈(Johnson Controls)가 선보인 개방형 디지털 플랫폼 〈오픈블루(OpenBlue)〉는 그 성공적인 사례라고 할 수 있다. 오픈블루는 공조, 조명, 보안 등 각기 다른 시스템을 '단일 창(Single Pane of Glass)'으로 통합하고, 앞서 설명한 AI 기반 예측과 디지털 트윈 기술을 활용해 건물 운영을 최적화한다. 이를 통해 에너지 소비를 최대 50%까지 줄이고, 문제가 발생하기 전에 미리 알려 주는 '예지 보전(Predictive Maintenance)'까지 가능하게 한다.

결국 〈팩토리얼 성수〉가 신축 건물을 통해 '완성된 OS 경험'을 상품으로 제시한다면, 〈오픈블루〉는 기존 건물까지 포함하여 어떤 공간이든 스마트하게 만드는 '설치 가능한 OS'를 제공하는 셈이다. 이제 건물의 가치는 더 이상 땅의 힘(입지)이 아니라, 그 건물을 움직이는 두뇌(운영 능력)에 의해 결정된다.

운영 패러다임의 전환, 새로운 가치 창출

'빌딩 OS'는 단순히 건물을 똑똑하게 만드는 것을 넘어, 운영의 패러다임을 전환하는 핵심 동력이다. 과거 빌딩 관리의 주된 목표가 전기세, 수도세, 수리비 등 끝없이 발생하는 비용을 줄이는 것이었다면, 이제 그 패러다임은 새로운 가치를 창출하는 방향으로 이동하고 있다.

물론 그 혁명은 가장 명확하고 측정 가능한 '비용 절감'에서 시작된다. 구글 데이터 센터처럼, AI가 인간의 영역을 넘어선 최적의 운영 방식을 찾아내 에너지를 절감하는 방식이 가장 흔히 볼 수 있는 사례이다. 이 외에도 지멘스(Siemens)의 '빌딩 엑스(Building X)' 플랫폼 같은 경우, '예지 보전' 기능을 통해 설비의 고장을 미리 예측하여 갑작스러운 업무 중단과 막대한 수리 비용을 사전에 방지한다.

하지만 빌딩 OS가 창출하는 진정한 가치는 이러한 '비용 절감'을 넘어서는 데 있다. 바로 이 지점에서 '운영 패러다임의 전환'이 일어난다. 구글의 에너지 절감은 천문학적인 전기 요금을 아끼는 것을 넘어, 기업의 ESG 경영에 기여하는 '지속 가능성'이라는 사회적 가치로 확장된다. 또한 예지 보전은 단순히 수리 비용을 줄이는 것을 넘어, 예측 불가능한 중단 없이 안정적인 환경을 제공함으로써 건물의 '운영 생산성'을 극대화하는 근본적인 전환을 이끈다.

궁극적으로 이 모든 최적화는 그 공간을 사용하는 '사

람의 경험 가치'를 높이는 방향으로 향한다. 모든 직장인이 매일 마주하는 '회의 경험'의 혁신이 그 증거다. 과거에는 빈 회의실을 찾고 장비를 설치하는 과정이 번거로운 '업무를 위한 업무'였다. 하지만 이제 빌딩 OS는 직원의 의도를 이해하는 '지능형 조율자(Intelligent Coordinator)'가 된다. 마이크로소프트(MS)의 AI 기반 작업 공간 앱인 '플레이시스(Places)'는 "오후에 4명이 브레인스토밍할 방을 찾아 줘"라는 자연어 요청만으로 팀원의 일정을 분석하고 최적의 공간을 자동으로 예약해 준다. 이는 채팅, 문서 공유, 화상 회의 등을 통해 협업을 지원하는 MS의 팀즈(Teams)와 연동된다. 이러한 방식의 '디지털 워크 플로(Digital Workflow)'는 직원들이 부수적인 절차에 들이는 시간과 에너지를 줄여, 오직 핵심적인 협업과 창의성에만 몰입할 환경을 제공한다.

이처럼 빌딩 OS는 '비용'이라는 과거의 지표를 넘어, '지속 가능성'과 '생산적인 경험'이라는 새로운 가치를 창출하는 플랫폼으로 진화하고 있다. 이제 공간의 가치는 면적이나 위치가 아니라, 그 안에서 얼마나 생산적이고 영감 넘치는 경험이 이루어지는가에 따라 새롭게 매겨진다.

지능의 확장, 살아 있는 도시의 등장

스마트 빌딩의 지능은 이제 개별 건물의 벽을 넘어, 도시 전체를 하나의 거대한 '네트워크 플랫폼'으로 확장한다. 이는 단순히 똑똑한 빌딩들의 집합이 아니라, 각각의 빌딩이 도시의 인프라와 실시간으로 데이터를 주고받으며 하나의 유기체처럼 기능하는 도시의 탄생을 의미한다.

가장 대표적인 변화는 '그리드 인터랙티브 빌딩(Grid-Interactive Building)' 개념에서 찾아볼 수 있다. 빌딩 OS는 더 이상 도시의 전력망으로부터 에너지를 일방적으로 소비하는 수동적 존재가 아니다. AI는 도시 전체의 전력 사용량을 예측해 피크 타임의 에너지 소비를 자율적으로 줄이고, 나아가 옥상 태양광 패널 등으로 생산한 전력을 공공 전력망에 역으로 판매하여 도시 전체의 에너지 안정화에 기여한다. 각각의 빌딩이 도시의 에너지 문제를 함께 해결하는 작은 발전소이자 능동적인 파트너가 되는 것이다.

이러한 연결은 에너지에만 국한되지 않는다. 스마트 빌딩에서 수집된 익명의 유동 인구 데이터나 상업 시설의 매출 데이터는 대중교통 노선 최적화 등 도시 계획에 필요한 살아 있는 근거를 제공한다. 싱가포르의 '풍골 디지털 지구(Punggol Digital District)'는 이러한 데이터 기반 도시 운영의 미래를 보여 준다. 거대한 '리빙 랩(Living Lab)'을 목표로 설계된 이곳은, '오픈 디지털 플랫폼(ODP)'을 통해 지역의 모든 데이터를 통합 관리한다. 개별 건물의 에너지 사용량부터 지역 전체의 교통 흐름까지 모든 데이터를 통합하여, AI가 자율 주행 셔틀 노선을 설계하고 재난 시 최적의 대피 경로를 안내하는 등 도시 전체의 '회복 탄력성'을 높이는 데 직접 기여한다.

결국 우리는 개인(스마트 홈)에서 공동체(스마트 빌딩)로, 그리고 도시(스마트 시티)로 확장되는 지능의 스케일을 목격하고 있다. 건물의 '디지털 두뇌'는 서로 연결되어 도시의 '신경망'을 이루고, '새로운 가치를 창출'하던 개별 빌딩들은 이제 도시 전체의 미래를 설계하는 살아 있는 구조물로 진화한 것이다.

이처럼 빌딩이 점차 거대한 플랫폼으로 변모하고 있다면, 그 안에서 이루어지는 인간의 가장 중요한 활동인 '일' 역시 새로운 질서를 맞이하는 것은 필연적이다. 이제 지능을 갖춘 공간이 우리의 '일터'와 '일의 방식'을 어떻게 근본적으로 재편하는지 목격할 차례다.

참고문헌

매일경제(2024.9.5). "AI로 스마트빌딩 시대 성큼… 존슨콘트롤즈

'오픈블루'로 시장 정조준".
http://www.mk.co.kr/news/it/11110601
Google(n.d.). Growing the internet while reducing energy consumption. Google Data Centers.
http://www.google.com/about/datacenters/efficiency
JTC(n.d.). Punggol Digital District.
http://www.jtc.gov.sg/punggoldigitaldistrict
Microsoft(2024.5.21). Microsoft Places. Microsoft Learn.
http://learn.microsoft.com/ko-kr/microsoft-365/places
Siemens(n.d.). Building X – The open digital business platform.
http://www.siemens.com/global/en/products/buildings/building-x.html
Siemens(2021). The grid interactive building.
http://www.siemens.com/global/en/products/buildings/contact/whitepaper-grid-interactive-building.html
Smart Nation Singapore(2025.8.4). Smart City Solutions.
http://www.smartnation.gov.sg/initiatives/smart-city-solutions

07
경계가 사라진 공간

AI가 공간에 지능을 부여하자, 역설적이게도 인간은 더 이상 특정 공간에 얽매이지 않게 되었다. '사무실'이라는 공간에서 일어나는 '일'의 중심이 물리적 책상에서 디지털 플랫폼으로 옮겨 가면서 '일터'의 경계는 점차 무너져 가고 있다. 이제 공간은 필요에 따라 접속하는 유연한 플랫폼이 되고, 인간의 노동은 고정된 직업을 넘어 필요한 곳에서 유연하게 일하는 '액체 노동(Liquid Labor)'이라는 새로운 흐름을 맞이한다.

AI와 애니메이션?

일터의 재정의: 협업과 경험의 공간

오랫동안 사무실의 내 자리는 단순한 책상이 아니었다. 내 이름이 새겨진 명패와 익숙한 동료들의 자리가 만들어 내는 배치는, 그 자체로 조직의 질서와 안정감을 상징하는 성역이었다. '출근'이라는 행위는 이 단단한 질서 속으로 들어가는 의식과도 같았다. 그러나 AI가 일으킨 거대한 파도는 이 견고했던 성역의 벽을 허물기 시작했고, 팬데믹 이후에 그 흐름은 거스를 수 없는 대세가 되었다.

이러한 변화는 단순히 일하는 장소가 다양해졌다는 것을 넘어, '사무실'이라는 공간의 목적 자체가 근본부터 재정의되고 있음을 의미한다. 혼자서도 할 수 있는 집중 업무는 집이나 원격지에서 처리하고, 사무실은 이제 고도의 몰입과 창의적인 '협업', 그리고 우연한 만남을 통한 영감을 얻기 위해 찾는 '경험'의 공간으로 진화했다. 이는 활동 기반 업무(Activity-Based Working, ABW)라는 개념으로 구체화된다. 직원들은 더 이상 고정된 자리를 갖지 않고, 그날의 업무 성격에 따라 방음 시설이 갖춰진 '포커스 룸', 자유로운 분위기의 '협업 라운지', 카페 같은 '소셜 허브'로 이동한다.

바로 이 지점에서 '빌딩 OS'와 개인의 업무 플랫폼이 만나 강력한 시너지를 낸다. MS의 '플레이시스(Places)'는 앞서 소개한 자동화된 회의실 예약 기능을 넘어, 개인의 일하는 방식 전체를 조율할 수 있게 해 준다.

"A팀과의 협업이 필요한 당신에게 최적의 출근일은 수요일 오후이며, 협업 라운지 근처의 핫데스크를 예약해 두었습니다."

팀 동료들의 개인 일정을 종합적으로 분석하고, 협업 라운지의 트래픽을 고려한 빌딩 OS의 공간 데이터를 바탕으로 개인에게 최적화된 출근 전략과 공간을 제안하는 단계로 나아가는 것이다.

결국 직원은 더 이상 '언제, 어디로 출근할까'를 고민할 필요가 없다. AI가 나의 업무와 관계의 맥락을 이해하고, 가장 생산적인 협업이 일어날 수 있는 최적의 시공간을 추천해 주기 때문이다. 물리적 공간(빌딩)과 디지털 정보(일정, 협업 데이터)가 결합하여, '일' 자체가 우리를 가장 적합한 공간으로 안내하는 시대가 열린 것이다.

워크 플로 혁명: 지능형 동료의 탄생

사무실이 '협업'과 '경험'을 위한 공간으로 변하면서, 진짜 일은 '디지털 워크 플로'에서 이루어지기 시작했다. 동료가 어디에 있든, 우리는 이제 슬랙(Slack), 노션

(Notion), MS 팀즈(Teams)와 같은 디지털 공간에 모여 프로젝트를 수행한다.

과거에도 우리는 이 플랫폼들 위에서 칸반 보드로 업무 흐름을 시각화하는 등 체계적인 협업을 시도해 왔다. 하지만 회의록을 정리해 업무 카드를 만들고, 진행 상황을 수동으로 공유하는 모든 과정은 여전히 인간의 노력이 필요한 단절된 작업이었다.

생성형 AI는 바로 이 단절된 과정들 사이를 파고들어, 협업의 빅뱅을 일으켰다. 이제 AI는 단순히 회의 내용을 요약하는 수동적인 '기록자'를 넘어, 프로젝트 전체의 맥락을 이해하고 지휘하는 능동적인 '조율자'로 진화하고 있다. MS 팀즈의 '코파일럿(Copilot)'이 회의록 요약부터 실행 과제 추출까지 자동화하고, 슬랙의 '슬랙 AI'가 자리를 비운 사이의 핵심 내용을 요약해 주는 등 이제는 점차 일반적인 모습이 되어가고 있다.

더 이상 인간은 수많은 메시지를 따라잡기 위해 시간을 낭비하거나, 회의록을 뒤져 가며 수동으로 업무를 배분할 필요가 없다. AI가 모든 과정의 맥락을 이해하고 스스로 그물망처럼 엮어 주는 '지능형 워크 플로'가 탄생한 것이다.

AI가 직업 내의 반복적인 '과업'을 대체하게 되면, 인간은 전략적 사고, 창의적 문제 해결, 공감 능력과 같이 기계가 대체할 수 없는 고유의 역량에 더 많은 에너지를 쏟을 수 있게 된다. 이처럼 '살아 있는 워크 플로'는 단순히 생산성을 높이는 것을 넘어, 인간의 역할을 더 높은 가치의 영역으로 이끄는 인간-AI 협업 플랫폼으로 진화하고 있다.

직업의 종말, 프로젝트의 시작

사무실 벽이 허물어지고, AI가 우리의 동료가 되자 이제 '일하는 방식'이 송두리째 바뀌고 있다. 우리는 이제 평생 하나의 '직업(Job)'을 갖는 시대가 아니라, 자신의 기술과 경험을 바탕으로 다양한 '역할(Role)'을 수행하며 여러 '프로젝트(Project)'에 참여하는 시대로 진입했다.

넷플릭스는 이러한 변화를 선도한 대표적인 기업이다. 이곳에서는 하나의 콘텐츠 프로젝트를 위해 데이터 분석가, 알고리즘 설계자, 문화 전문가 등 전 세계 최고 전문가들이 필요에 따라 모여 팀을 이룬다. 프로젝트가 끝나면 팀은 해체되고, 각 개인은 또 다른 프로젝트에서 새로운 역할을 맡는다. 조직의 구조가 고정된 피라미드가 아니라, 목표에 따라 유연하게 구성되고 해체되는 레고 블록처럼 변한 것이다.

여기에 'AI 동료'가 결합하면서, 이러한 '프로젝트 기반 경제(Project-Based Economy)'는 폭발적으로 가속화된다. AI가 번역, 코딩, 디자인 등 전문 업무의 초안을 상당 부분 수행해 주면서, 인간 전문가 한 명이 동시에 여러 프로젝트에서 핵심 역할을 수행하는 것이 가능해졌기 때문이다.

이러한 변화는 노동의 형태를 고체처럼 단단하게 굳어 있던 상태에서, 어떤 그릇에나 담길 수 있는 '액체(Liquid)'처럼 유연하게 바꾸고 있다. 그리고 '액체 노동'은 필연적으로 '액체 공간'을 요구한다. 3개월짜리 프로젝트를 위해 값비싼 장기 임대 사무실을 계약하는 대신, 필요에 따라 공유 오피스에서 만나고 가상 협업 플랫폼에서 일을 이어가는 하이브리드 방식이 보편화된다.

이는 '일터'가 소유 자산에서, 필요할 때마다 구독하여 사용하는 '서비스로서의 업무 공간(Workplace as a Service, WaaS)'으로 진화했음을 의미한다. 이제 공간은 더 이상 고정된 '물리적 실체'가 아니라, 프로젝트의 흐름에 따라 유연하게 접속하고 활용하는 '온 디맨드(On-demand) 서비스'가 된 것이다.

이처럼 일터가 현실과 가상의 경계를 넘나드는 거대한 플랫폼으로 진화했다면, 이 플랫폼은 이제 우리가 현실을 보고 느끼는 방식 자체를 뒤흔들 준비를 마쳤다. 다음 무대는 바로 확장현실(XR) 기술이 여는 새로운 몰입의 세계다.

참고문헌

Notion(n.d.). "협업 공간". http://www.notion.com/ko/teams

Aspen University(2024). The future of work: How AI and automation are changing business. Aspen University Blog. https://www.aspen.edu/altitude/the-future-of-work-how-ai-and-automation-are-changing-business/

Erigbe, S.(2025). Reshaping the Workforce: The Impact of AI, Automation, and Robotics on Labor Markets. *American Academic Scientific Research Journal for Engineering, Technology, and Sciences, 102*(1), pp.360~370.

Microsoft(2023.3.16). Introducing Microsoft 365 Copilot — Your Copilot for Work. Microsoft Blog. http://blogs.microsoft.com/blog/2023/03/16/introducing-microsoft-365-copilot-your-copilot-for-work/

Netflix(n.d.). Netflix Jobs. http://jobs.netflix.com/culture

Slack(n.d.). Slack AI. http://slack.com/features/ai

08
경험이 확장되는 공간

현실을 확장하고 변화시키는 기술, XR(eXtended Reality, 확장현실)는 우리가 세상을 보고, 느끼고, 행동하는 방식 자체를 바꾸는 몰입형 기술로 자리 잡아 가고 있다. 특히 AI와의 결합은 XR를 단순히 보고 듣는 정적인 콘텐츠 체험을 넘어, 사용자의 맥락과 감정에 실시간으로 반응하는 '지능형 감각 환경'으로 진화시킨다. 공간은 감각과 인지의 흐름에 따라 현실 위에 즉흥적으로 창조되는 새로운 무대가 되었다.

AI와 인재 채용?

하나의 공간, 다채로운 경험

XR는 가상현실(Virtual Reality, VR), 증강현실(Augmented Reality, AR), 혼합현실(Mixed Reality, MR)을 포괄하는 상위 개념이다. VR가 우리를 완전히 새로운 디지털 세계로 데려간다면, AR와 MR는 우리가 발 딛고 있는 현실 공간 위에 디지털 정보를 겹쳐 보여 준다. 과거에는 이 기술들이 주로 게임이나 엔터테인먼트 분야에서 활용되었지만, 이제 AI와 결합하면서 우리의 일상과 산업 전반의 공간 경험을 다층적으로 재구성하고 있다.

산업의 감각을 확장하는 XR

XR는 산업에서 일어나는 문제를 해결하는 핵심 설루션으로 자리 잡아 가고 있다. 의료 분야에서는 AI가 의료 영상(CT, MRI)을 3차원 해부도 모델로 자동 변환하고, XR는 이 디지털 모델을 수술 중인 환자의 신체 위에 정확히 겹쳐 보여 준다. 메디비스(Medivis)의 '서지컬 AR(SurgicalAR)'는 의사가 눈으로는 볼 수 없는 종양의 위치나 혈관의 경로를 눈앞에서 직접 보며 수술하여 정확성과 안전성을 극대화한다. 이는 AI의 '데이터 해석 능력'과 XR의 '시각화 능력'이 결합하여 인간 의사의 감각을 초월적 수준으로 확장시킨 결과다.

건설 분야 역시 AI가 복잡한 3차원 건축 정보 모델을 분석하고, XR는 그 정보를 실제 건설 현장 위에 증강현실로 구현한다. 글로벌 건설 기술 기업 트림블의 '트림블 커넥트(Trimble Connect)'는 현장 작업자의 위치를 AI가 실시간으로 파악하고, 눈앞의 철골 구조물 위에 가상의 배관 도면을 정확히 겹쳐 보여 준다. 이를 통해 AI가 사전에 찾아낸 설계 충돌 지점을 작업자가 현장에서 즉시 확인하고 수정함으로써, 막대한 재시공 비용과 시간을 획기적으로 절감한다.

교육 현장에서는 AI가 훈련자의 성과를 데이터로 분석하고 XR가 몰입형 훈련 환경을 제공하는 '개인화된 코치' 역할을 수행한다. 수술 훈련 플랫폼 오소 VR(Osso VR)에서 훈련자가 가상 수술을 집도하면, AI는 그 모든 과정을 수백 명의 전문가 데이터와 비교 분석하여 객관적인 피드백과 맞춤형 보완 학습 프로그램을 제공한다.

이처럼 의료, 건설, 교육 현장에서 AI와 결합한 XR는 단순히 정보를 보여 주는 것을 넘어, 데이터를 해석하고(AI) 현실에 겹쳐 보여 줌으로써(XR), 인간의 감각을 확장하고 물리적 제약을 극복하는 핵심 기술로 진화하고 있다.

현실을 재창조하는 AI 엔진

AR 게임 〈포켓몬 고(Pokemon GO)〉로 유명한 나이언틱(Niantic)은 자신들의 핵심 기술을 '라이트십(Lightship)'이라는 개방형 플랫폼으로 전환하여 누구나 자신만의 '포켓몬 고'를 만들 수 있는 세상을 열고 있다. 이는 도시 전체를 하나의 거대한 XR 캔버스로 선언한 것과 같다. 하지만 이 방대한 캔버스를 개발자가 일일이 수작업으로 채우는 것은 불가능하다.

바로 이 지점에서 생성형 AI가 단순한 보조 도구를 넘어, 이 세계를 살아 움직이게 만드는 '핵심 창작 엔진'으로 작동한다. 이 AI는 특정 공간의 분위기, 시간과 날씨, 심지어 사용자의 과거 행동 패턴까지 고려하여 매 순간 가장 적합한 디지털 콘텐츠를 실시간으로 생성하고 배치한다. 그 결과 똑같은 장소라도 언제, 누가 방문하느냐에 따라 전혀 다른 경험을 하게 된다. 화창한 주말 공원에서는 아이들을 위한 XR 보물찾기 게임이 즉흥적으로 펼쳐지고, 비 오는 날 저녁의 고궁 거리에서는 과거의 모습이 재현된다.

이것이 바로 현실 자체가 코드가 되는 '프로그래밍 가능한 현실(Programmable Reality)'이다. 공간은 이제 단 하나의 현실이 아니라, 수만 가지의 디지털 경험이 겹쳐

지는 무한한 캔버스가 되었다.

가장 완전한 학습, 가장 안전한 실패

XR의 사용을 단순히 '효율적인 인터페이스'로만 설명하는 것은 이 기술의 본질을 놓치는 것이다. XR와 AI의 진정한 혁신은 인간의 감각과 경험의 방식을 근본적으로 바꾸고, 지식이 머리에서 몸으로, 이론에서 체득으로 이동하게 만드는 데 있다.

그 변화는 '인지의 확장'에서 비롯된다. XR는 인간에게 현실에서는 불가능했던 새로운 감각, 즉 디지털 '투시(X-ray Vision)'의 경험을 부여한다.

원격 협업의 사례로 살펴보았던 록히드 마틴(Lockheed Martin)의 F-35 전투기 조립 라인은, 이 '인지의 확장'이 어떻게 학습의 패러다임을 바꾸는지 상징적으로 보여 준다. 과거 기술자들은 수천 페이지에 달하는 매뉴얼과 복잡한 기체 표면을 번갈아 보며 작업 위치를 찾아야 했다. 하지만 이제 XR 헤드셋을 착용한 기술자는 눈앞의 기체 위에 다음 작업에 필요한 설계 도면, 조립 순서, 심지어 조여야 할 볼트의 정확한 위치까지 마치 엑스레이(X-ray)로 투시하듯 본다.

AI는 이 과정에서 기술자의 작업 결과를 실시간으로

스캔하여 설계 데이터와 일치하는지 검증하는 '지능형 감독관' 역할을 수행한다. 그 결과 록히드 마틴은 기술자의 작업 효율을 30% 이상 향상시키고, 첫 시도의 정확도를 96%까지 끌어올렸다. 이는 전문성이 더 이상 기술자의 머릿속 경험에만 의존하는 것이 아니라, 공간 자체에 지식이 내장되어 필요한 순간 정확히 전달되는 시대가 왔음을 의미한다.

나아가 XR는 '실패'라는 경험의 가치를 180도 바꾼다. 현실에서 값비싼 장비의 파손이나 치명적인 사고로 이어질 수 있는 실패는, XR 환경 안에서 '가장 안전한' 학습 자산이 된다. 0.001초를 다투는 포뮬러 1(F1)의 치열한 기술 전쟁이 이를 극적으로 보여 준다. F1 드라이버들은 수십억 원짜리 '운전자 참여 시뮬레이터' 위에서 실제와 똑같은 F1 머신에 앉아 땀을 흘린다. 그들이 보는 가상 트랙과 차량의 움직임은 차량의 공기 역학을 밀리미터 단위로 분석하는 시뮬레이션을 통해 만든 '디지털 트윈'이다. 이 가상현실 속에서 드라이버는 시속 300km 이상으로 코너를 공략하다가 한계를 넘어 스핀을 하거나 벽에 부딪히는 '안전한 실패'를 수없이 반복한다. 현실에서는 단 한 번의 사고가 시즌 전체를 망칠 수 있지만, 가상공간에서의 '안전한 충돌'은 현실의 0.1초를 단축하는 가장 귀중한 데이터가 된다. 이처럼 XR는 실패의 비용을 없애고 학습의 밀도를 극대화함으로써, 인간의 잠재력을 극한까지 끌어올리는 가장 완벽한 훈련장이 되어 가고 있다.

결국 XR와 AI의 만남은 일하는 방식을 넘어, 우리가 배우고 성장하는 방식 자체를 혁신하고 있다. 지식은 더 이상 머리로만 외우는 텍스트가 아니라, '완전한 학습'과 '안전한 실패'라는 두 날개를 통해 온몸으로 체득하는 살아 있는 경험이 되어 가고 있다.

경계 없는 소비, 제약 없는 창작

XR와 AI가 재구성하는 경험의 혁신은 산업 현장을 넘어, 우리가 상품을 사고 문화를 즐기며 새로운 세계를 만들어 내는 일상 속으로 깊숙이 파고든다.

먼저, '경계 없는 소비'는 매장과 내 집의 경계, 상품과 나의 경계를 허문다. 이케아(IKEA)의 AI 기반 디자인 도구 '이케아 크리에이티브(IKEA Kreativ)'가 대표적이다. 소비자는 더 이상 줄자를 들고 쇼룸을 헤맬 필요 없이, 스마트폰으로 자신의 방을 3D 공간으로 복제한 뒤 마음에 드는 가구를 실제 크기 그대로 배치해 볼 수 있다. 소비가 더 이상 상품을 소유하는 행위가 아니라, 내 삶의 공간과 조화를 이루는지 미리 살아보고 결정하는 '공간적 시뮬레이션'이 된 것이다.

'제약 없는 창작'은 누구나 월드 크리에이터(World Creator)가 되는 길을 연다. 이전까지 3D 및 XR 환경을 만들려면 코딩과 3D 모델링이라는 높은 기술 장벽을 넘어야 했지만, 이제 생성형 AI가 그 장벽을 허물고 있다. 스탠퍼드 대학과 구글의 '생성형 에이전트(Generative Agent)' 연구가 그 서막을 열었다. 이 연구에서 AI 캐릭터들은 주어진 명령을 넘어, 각자의 '기억'을 바탕으로 스스로 계획을 세우고 행동하며 살아 있는 인간 사회 같은 자발적인 모습을 보여 주었다.

이 기술은 인월드 AI(Inworld AI) 같은 플랫폼을 통해 즉시 상용화되었다. 이제 창작자는 코딩 없이도 살아 있는 NPC(Non-Player Character)를 만들고, 그 안에서 살아갈 지적인 존재들의 성격과 기억, 목표까지 설계하게 되었다. 인간은 더 이상 기술의 '사용자'가 아니라, 상상력만으로 새로운 세계와 그 안의 존재까지 창조하는 '경험의 설계자'이자 '이야기의 창조자'가 되었다.

이처럼 AI와 XR의 융합은 소비와 창작의 경계를 허물고, 우리가 디지털 세계와 관계 맺는 방식을 바꾸고 있다. 이제 우리는 물리적 현실이라는 하나의 층 위에, 수만 가지의 새로운 디지털 경험을 겹겹이 쌓아 올리며 이전과는 전혀 다른 풍요로운 삶을 살아가게 되었다.

이처럼 확장된 현실은 필연적으로 우리 자신의 '존재'와 '정체성'에 대한 근본적인 질문을 던진다.

현실과 가상의 경계가 완전히 허물어지는 궁극의 공간, '메타버스' 안에서 우리의 삶과 관계는 어떻게 재구성될 것인가?

그 거대한 질문 속으로 들어가 볼 시간이다.

참고문헌

Rescale Blog(2023. 3. 24). "결승선을 향한 경주: F1 팀이 고성능 컴퓨팅을 통해 혁신하는 방법". http://rescale.com/ko/blog/racing-to-the-finish-line-how-f1-teams-are-innovating-with-high-performance-computing/

Niantic(2021.11.8). "Niantic, 전 세계 AR 개발자를 위한 Lightship 플랫폼 공개". Niantic Blog. http://nianticlabs.com/news/lightshiplaunch?hl=ko

BuildingPoint Australia(n.d.). Trimble Connect MR. http://buildingpoint.com.au/connect-for-hololens/

GreyB Team2024.12.7). Medivis Surgical AR Patents: Augmented Reality in Surgery. http://insights.greyb.com/medivis-surgical-ar-patents/

Grant Trahant.(2024.11.20). Disrupting Healthcare

Education: Osso VR's Impact on Surgical Training. Causeartist.
https://www.causeartist.com/osso-vr-surgical-training/

inFIVR(2021.4.15). Lockheed Martin reduces training time by 85% using Augmented Reality Technology.
http://infivr.medium.com/-d0d3055bee8b

Ingka Group(2024.4.12). IKEA Retail unleashes AI revolution: empowering thousands to master the future of tech.
http://www.ingka.com/newsroom/ikea-retail-unleashes-ai-revolution-empowering-thousands-to-master-the-future-of-tech/

Inworld AI Blog(n.d.). AI NPCs: How they'll transform gameplay.
http://inworld.ai/blog/ai-npcs-and-the-future-of-video-games

Luma(n.d.). Genie. http://lumalabs.ai/genie

NVIDIA(2024.1.8). Spotlight: Convai reinvents non-playable character interactions. NVIDIA Developer Blog.
http://developer.nvidia.com/blog/spotlight-convai-reinvents-non-playable-character-interactions/

Park, J. S. et al.(2023). Generative Agents: Interactive Simulacra of Human Behavior.
http://arxiv.org/abs/2304.03442

09

현실을 초월한 공간

세상을 바꿀 것처럼 떠들썩했던 메타버스에 대한 거품이 빠지면서 많은 이들이 회의적인 시선을 보내고 있다. 막대한 비용과 시간을 들여 가상 세계를 만들어도, 그 안을 채울 콘텐츠가 부족했고, 결국 텅 빈 유령 도시로 전락하는 경우가 많았기 때문이다. 하지만 바로 그 한계 지점에서 생성형 AI는 메타버스의 가장 강력한 성장 엔진으로 등장했다. AI가 실시간으로 콘텐츠를 생성하고 지적인 경험을 연출하면서, 메타버스는 살아 숨 쉬는 '또 하나의 현실'로 진화하고 있다.

AI와 기자?

영혼을 얻은 세계, 살아 숨 쉬는 공간

"그 애니메이션, 진짜 K-pop 스타들이 부른 거라며?" 넷플릭스 오리지널 애니메이션 〈케이팝 데몬 헌터스〉는 전 세계적인 신드롬을 일으켰다. 주인공인 가상 아이돌 그룹 '헌트릭스(Huntrix)'는 단순한 애니메이션 캐릭터가 아니었다. 실제 K-pop 스타들의 DNA를 물려받은 버추얼 아티스트(Virtual Artist)였다. 이들은 애니메이션 속에서 노래했지만, 그 음원은 현실의 빌보드 차트를 점령했고 팬들은 현실의 아이돌처럼 그들에게 열광했다. AI를 통해 애니메이션 캐릭터들이 아닌 실제 인물들이 영화를 찍는 것처럼 묘사한 영상들은 몇 천만 이상의 조회 수를 기록하고 있다. 이 콘텐츠들을 처음 접한 사람들은 실제 인물들과 애니메이션 캐릭터들 사이를 쉽게 구분하지 못할 것이다.

이러한 현상은 메타버스가 더 이상 현실을 모방하는 단계를 넘어, 그 자체로 고유한 문화와 정체성을 만들어 내는 '또 하나의 현실'이 되었음을 보여 준다. 그리고 이 새로운 현실의 설계자이자 운영자가 바로 AI다. AI가 새로운 아티스트를 창조했듯, 이제는 그들이 살아갈 세계를 창조한다.

먼저 AI는 사용자의 상상력만으로 세상에 없던 공간

을 만들어 낸다. 과거 메타버스의 가장 큰 장벽이었던 3D 콘텐츠의 막대한 생성 비용 문제는, 이제 인간의 언어를 이해하는 AI가 등장하며 해결의 실마리를 찾았다. '3D 가우시안 스플래팅' 기술을 활용하는 루마 AI(Luma AI)의 경우, 사용자가 "비 내리는 네오-도쿄의 뒷골목…"이라고 묘사하는 순간, AI는 빛과 그림자까지 살아 있는 3차원 공간 전체를 실시간으로 렌더링한다.

그리고 AI는 그 공간을 살아 있는 존재들로 채워 넣는다. 지금까지 메타버스의 생명력을 갉아먹었던 가장 큰 요인은 바로 '영혼 없는' NPC(Non-Playable Character)였다. 하지만 인월드 AI(Inworld AI) 같은 AI 캐릭터 개발 엔진은 이들에게 지성과 기억, 개성을 부여한다. 개발자는 코딩 대신 "수줍음이 많지만 용감한 시골 출신 대장장이"처럼 자연어로 캐릭터를 설정할 수 있다. 이렇게 탄생한 AI NPC들은 더 이상 미리 짜인 각본대로 움직이는 인형이 아니다. 이들은 사용자와 나눈 대화를 기억하고 각자 고유의 목표에 따라 자발적으로 살아간다. 이는 메타버스가 예측 불가능한 사회적 상호 작용이 일어나는, 진정한 '가상 사회'로 진화하고 있음을 의미한다.

결국 생성형 AI는 무한한 공간과 그 안의 지적인 존재를 모두 창조함으로써, 메타버스를 '텅 빈 공간'이라는 과거의 한계에서 해방시키고 있다. 우리가 접속할 때마다 새로운 이야기가 펼쳐지는, 진정으로 살아 있는 세계가 탄생한 것이다.

디지털 자아, 새로운 경제와 정체성의 탄생

생성형 AI는 메타버스라는 공간에 무한한 콘텐츠와 살아 있는 존재들을 채워 넣었다. 이제 우리는 텅 빈 도시가 아닌, 북적이는 사회의 문 앞에 서 있다. 이 새로운 사회 안에서 살아가는 우리의 모습, 즉 '디지털 자아(Digital Self)'는 어떻게 재정의되고, 어떤 새로운 경제 질서를 만들어 내고 있을까?

그 중심에는 '가치의 이동'이 있다. 메타버스 안에서 우리는 현실의 나와는 전혀 다른 모습의 아바타를 선택할 수 있다. 성별, 인종, 나이, 외모의 제약에서 벗어나 내가 원하는 이상적인 모습으로 살아가는 것이다. 글로벌 패션 브랜드들은 바로 이 지점에서 새로운 가능성을 발견했다. 구찌, 나이키 같은 브랜드들은 로블록스(Roblox) 같은 플랫폼에서 현실에서는 구매하기 어려운 한정판 디지털 의류와 스니커즈를 판매한다. 흥미로운 점은 사용자들이 물리적 실체가 없는 이 디지털 아이템에 기꺼이 현실의 화폐를 지불한다는 사실이다. 디지털 의류는 단순히 아바타를 꾸미는 것을 넘어, 가상 세계에서 자신의 정체성을 표현하고 사회적 지위를 과시하는 새로운 명품이 되었기 때문이다.

AI는 이러한 '가치의 이동'을 더욱 가속화하고 정교하게 만든다. AI는 각 사용자의 아바타 형태, 선호 스타일 등을 분석하여, 그 사람의 디지털 자아에 가장 잘 어울릴 맞춤형 디지털 의상을 디자인하고 추천한다. 여기에 디지털 자산의 고유한 소유권을 보장하는 기술이 결합하면서, 디지털 데이터는 현실의 명품 이상의 상징적 가치를 지니게 된다. 이처럼 경험과 상징이 곧 자산이 되는 '경험 기반 경제(Experience-Based Economy)'가 탄생한 것이다.

이러한 흐름은 결국 우리의 '자아'가 더 이상 단 하나의 물리적 신체에 갇혀 있지 않음을 의미한다. 우리는 현실 세계의 나와 SNS 속의 나, 메타버스 속의 나 등 하나가 아닌 여러 모습의 '나'로 살아가게 된다. 그리고 AI는 각각의 공간과 맥락에 맞는 최적의 자아를 형성하고 관리하도록 돕는 정체성 설계의 파트너가 되어 가고 있다.

우리의 정체성과 경제 활동의 중심축이 이처럼 물리적 세계에서 디지털 세계로 이동하고 있다는 것은, 결국 우리의 가장 유한한 자원인 관심과 시간이 이동하고 있다는 가장 강력한 증거다. 따라서 메타버스의 본질에 대한 논의는 이제 '장소'라는 개념을 넘어, 바로 이 '시간'의 문제로 자연스럽게 넘어간다.

공간의 해방, 시간으로의 전환

생성형 AI는 메타버스를 '텅 빈 공간'이라는 과거의 한계로부터 해방시켰다. 이 기술적 해방은 이제 우리에게 더 근본적인 질문을 던진다: 메타버스의 본질을 '어디'라는 장소의 개념으로 이해하는 것이 과연 유효한가? 어쩌면 진짜 핵심은 우리의 관심과 삶이 '언제'부터 물리적 세계에서 디지털 세계로 이동하는지에 있는 것은 아닐까?

실리콘 밸리의 투자자 샨 푸리(Shaan Puri)는 이러한 관점의 전환을 명확히 제시하며, 메타버스를 '장소가 아닌 시간'이라고 정의했다. 이는 메타버스의 본질이 특정 기술이 아니라, 우리의 관심과 시간이 디지털 세계로 이동하는 거대한 흐름 자체에 있다는 통찰이다. 우리가 잠자는 시간을 제외하고 가장 많은 시간을 보내는 곳, 가장 의미 있는 관계를 맺는 곳이 디지털 공간이 되는 순간, 메타버스는 더 이상 가상이 아닌 우리의 삶의 중심, 즉 '새로운 현실'이 된다.

과거의 메타버스가 이 비전을 실현하기 어려웠던 이

유는 시간을 투자할 만큼 매력적인 '경험'을 제공하지 못했기 때문이다. 하지만 이제 AI가 창조한 살아 숨 쉬는 세계는 우리가 기꺼이 시간을 쏟을 만한 충분한 이유를 제공한다. 이런 관점에서 보면 우리는 이미 메타버스 시대로의 전환기 한가운데에 있다. VR 헤드셋을 쓰지 않더라도, 우리는 유튜브로 세상을 배우고, 인스타그램으로 일상을 공유하며, 챗GPT와 대화를 나눈다. 이 모든 순간들이 바로 '시간의 이전'을 보여 주는 메타버스적 경험의 파편들이다.

결국 메타버스는 기술의 이름이 아니라, AI 시대에 우리가 세상을 경험하고 존재를 증명하는 '새로운 존재 방식'을 의미한다. 우리는 이제 "어디에 있는가?"라는 물리적 위치의 질문을 넘어, "무엇을 경험하고, 누구와 관계 맺으며, 어떤 존재로 살아가는가?"라는 본질적인 질문을 마주하게 되었다. 메타버스는 인간의 상상력과 AI의 창조력, 그리고 글로벌 커뮤니티의 관계망이 얽혀 만들어지는 또 하나의 거대한 사회인 것이다.

하지만 이 새로운 사회는 전에 없던 자유와 가능성을 선물하는 동시에, 그림자 또한 드리운다. 이 모든 지능형 공간을 떠받치는 '데이터'라는 거대한 토대 위에서, 우리는 이제 감시와 편향, 그리고 궁극적으로 인간의 책임이라는 마지막 질문과 마주해야 한다.

참고문헌

김상균(2020). 《메타버스: 디지털 지구, 뜨는 것들의 세상》. 플랜비디자인.

Inworld(n.d.). AI NPCs: How they'll transform gameplay. Inworld AI log. http://inworld.ai/blog/ai-npcs-and-the-future-of-video-games

Luma(n.d.). Genie. http://lumalabs.ai/genie

Medium(2021.11.6). Why Shaan Puri Is Wrong About The Metaverse — Is This The 1st Time Anyone Mentioned The Metaverse Renaissance?. http://markfieldingwrites.medium.com/why-everyone-including-you-and-shaan-puri-is-wrong-about-the-metaverse-6ee0d21729d4

NVIDIA(2024.1.8). Spotlight: Convai reinvents non-playable character interactions. NVIDIA Developer Blog. http://developer.nvidia.com/blog/spotlight-convai-reinvents-non-playable-character-interactions/

The Decoder(2022.2.28). The metaverse is not a place – it is a moment in time. http://the-decoder.com/the-metaverse-is-not-a-place-it-is-a-moment-in-time/

10
데이터를 읽는 공간

스마트 홈, 스마트 빌딩, 메타버스…. 이 모든 놀라운 변화의 중심에는 단 하나의 공통된 동력이 있다. 바로 '데이터'다. AI 기반의 지능형 공간은 데이터를 통해 우리의 일상과 선택을 조율하지만, 이 눈부신 발전은 동시에 짙은 그림자를 동반한다. 편리함과 효율성이라는 약속 뒤에는 감시와 통제, 편향과 차별이라는 윤리적 딜레마가 숨어 있다. 이제 우리는 처음으로 돌아가 가장 근본적인 질문을 다시 던져야 한다. 이 모든 것을 가능하게 하는 데이터는 과연 누구를 위해, 어떻게 작동하고 있는가?

AI와 미래 의사?

보이지 않는 시선:
감시와 프라이버시의 새로운 경계

지능형 공간은 필연적으로 '감시하는 공간'이다. 공간의 '감각' 능력은, 뒤집어 보면 우리의 모든 행동과 상태가 '데이터로 변환되어 기록되고 있음을 의미하기 때문이다. 스마트 홈의 AI 스피커는 우리의 대화를 듣고, 스마트 빌딩의 센서는 우리의 이동 경로를 추적하며, 스마트 안경은 우리의 시선이 어디에 머무는지를 분석한다. 기업들은 이 데이터를 통해 놀랍도록 개인화된 서비스를 제공하지만, 그 대가로 우리의 가장 사적인 정보는 거대 플랫폼의 서버에 차곡차곡 쌓여 간다.

우리의 일상 자체가 돈을 버는 상품이 된 것이다. 과거의 자본주의가 자연이라는 원자재를 착취해 상품을 만들었다면, '감시 자본주의'는 바로 인간의 경험을 새로운 원자재로 삼는다. 당신이 스마트 TV 앞에서 특정 영화 예고편을 볼 때 보인 미세한 표정 변화는, 해당 영화의 구독을 유도하기 위한 '타깃 마케팅' 데이터로 재가공된다. 사무실 복귀를 원하는 기업들이 직원의 책상 점유율을 감지하는 센서로 생산성을 측정하는 것처럼, 지능을 갖춘 공간은 개인을 관리하고 통제하는 강력한 도구가 될 수 있다.

이러한 현실에서 프라이버시는 더 이상 '개인 정보 보호'와 같은 소극적인 개념에 머무를 수 없다. 그것은 알고리즘의 보이지 않는 손 안에서 '내 생각의 주인'으로 남을 수 있는 권리의 문제로 확장된다. 나의 데이터가 나도 모르는 사이에 나의 선택과 감정에 영향을 미치고 있다면, 과연 그 선택은 온전히 나의 것이라고 말할 수 있는가? 지능형 공간의 편리함에 익숙해지는 동안, 우리는 자신도 모르는 사이에 스스로를 투명한 유리 감옥 안에 가두고 있는 것은 아닌지 생각해야 한다.

알고리즘의 거울: 차별의 학습과 불평등의 증폭

지능형 공간이 마주한 또 다른 심각한 문제는 바로 '알고리즘 편향(Algorithmic Bias)'이다. AI는 결코 가치중립적이지 않다. AI는 인간이 만든 데이터를 통해 세상을 학습하고, 그 데이터에는 우리 사회에 존재하는 역사적, 구조적 불평등과 편견이 그대로 담겨 있기 때문이다. 결국 AI는 현실의 차별을 비추는 거울일 뿐이며, 때로는 그 차별을 더욱 교묘하고 강력한 방식으로 증폭한다.

예를 들어, 과거의 범죄 데이터를 학습한 치안 예측 AI가 특정 인종이나 소수자가 많이 거주하는 지역을 '우범지대'로 분류하고 순찰을 강화한다고 가정해 보자. 이는 해당 지역 주민들에 대한 과잉 단속으로 이어져 더 많은 체포 기록을 낳고, 이 데이터는 다시 AI의 편견을 강화하는 악순환을 만들어 낸다. 이처럼 지능을 갖춘 플랫폼은 객관적이라는 착각 속에, 공간적 차별과 사회적 낙인을 영구적으로 고착하는 도구가 될 수 있다.

이러한 편향은 우리의 일상 공간 곳곳에 스며든다. 상용 안면 분석 AI가 어두운 피부를 가진 여성에게는 거의 35%에 달하는 오류율을 보이는 반면, 밝은 피부의 남성에게는 1% 미만의 오류율을 보인다는 연구 결과는, 기술이 무조건 객관적일 것이라는 막연한 믿음이 얼마나 위험한 착각인지 명백히 보여 주었다. 스마트 홈의 음성 비서가 특정 억양을 가진 사용자의 명령을 제대로 알아듣지 못하는 문제 역시 단순한 기술적 오류가 아니라, 기술 설계의 중심에 누가 있었고 누가 배제되었는지를 보여 주는 편향의 결과다.

결국 알고리즘 편향의 책임은 AI에 물을 수 없다. AI의 공정성은 단지 윤리적 문제를 넘어, 브랜드의 신뢰도와 직결되는 핵심적인 비즈니스 과제다. 그 책임은 어떤 데이터를 학습시킬지 결정한 개발자, 알고리즘의 공정성을 검증할 의무를 지닌 기업, 그리고 기술이 사회에 미치는 영향을 감독해야 할 우리 사회 모두에게 있다. 우리는 공간을 설계하는 AI가 과연 누구의 시선으로 세상을 바라보고 있는지, 그 기술이 만드는 효율성이 누구의 희생을 담보로 하고 있는지 끊임없이 질문해야 한다.

인간의 자리: 살아 있는 플랫폼을 위한 제언

그렇다면 우리는 지능을 갖춘 공간 앞에서 무엇을 해야 하는가? 기술의 발전을 멈출 수 없다면, 우리는 이 강력한 힘을 어떻게 더 인간적인 방향으로 이끌 수 있을까? 이제 우리는 단순한 사용자나 소비자를 넘어, 이 새로운 공간의 윤리를 함께 설계하는 '책임 있는 참여자'가 되어야 한다.

이를 위해서는 먼저 '데이터 주권(Data Sovereignty)'을 개인에게 돌려주어야 한다. 나의 행동과 감정에서 비롯된 데이터의 소유권과 통제권은 마땅히 나에게 있어야 하며, 기업은 그 활용 방식을 투명하게 공개해야 한다.

또한 기술 개발의 핵심 원칙으로 '차별 없는 설계'를 삼아야 한다. 지능형 공간은 특정 집단만을 위해 작동해서는 안 되며, 개발 단계부터 다양한 배경을 가진 이들이 참여하여 잠재적인 차별의 문제를 해결해야 한다.

마지막으로, 이 모든 혁신은 '지속 가능성'을 기반으로 해야 한다. AI를 구동하는 데이터 센터의 막대한 에너지 소비와 전자 폐기물 문제를 외면한 기술은 결국 우리 모두의 미래를 위협할 것이기 때문이다.

이 책의 여정은 '이 공간은 과연 누구의 경험을 위해 존재하는가'라는 질문에서 시작되었다. 우리는 지능을 갖춘 공간이 열어 줄 경이로운 고객 경험과 새로운 비즈니스 모델의 가능성을 탐색했다. 그리고 이제 그 질문에 대한 답이 '기술의 화려함'이 아닌, 바로 이 장에서 마주한 '인간의 책임'에 있음을 확인한다.

고객의 데이터를 존중하고, 소외되는 사람 없이 모두를 위한 기술을 고민하며, 환경을 생각하는 지속 가능성은 이제 선택이 아닌 필수적인 생존 전략이다. 이것이 바로 고객의 신뢰를 얻는 가장 확실한 방법이기 때문이다.

결국 AI 시대의 공간은 인간을 중심에 둘 때, 비로소 차가운 기술의 집합체가 아닌, 고객의 삶을 품고 새로운 가치를 창출하는 진정한 '살아 있는 플랫폼'이 될 수 있다. 미래 공간의 가치는 기술이 아니라, 그 공간이 누구의 마음을 얻는가에 달려 있다.

참고문헌

Buolamwini, J. & Gebru, T.(2018). Gender Shades: Intersectional Accuracy Disparities in Commercial

Gender Classification. *Conference on Fairness, Accountability and Transparency*, pp.77~91.

Satell, G. & Abdel-Magied, Y.(2020.10.20). AI Fairness Isn't Just an Ethical Issue. Harvard Business Review. http://hbr.org/2020/10/ai-fairness-isnt-just-an-ethical-issue

Stanley, J.(2024.12.10). AI Generated Police Reports Raise Concerns Around Transparency, Bias. American Civil Liberties Union. http://www.aclu.org/news/privacy-technology/ai-generated-police-reports-raise-concerns-around-transparency-bias

TechTarget(2024.10.3). How AI speech recognition shows bias toward different accents. http://www.techtarget.com/whatis/feature/How-AI-speech-recognition-shows-bias-toward-different-accents

Wired(2025.2.26). Your boss wants you back in the office. This surveillance tech could be waiting for you. http://www.wired.com/story/your-boss-wants-you-back-in-the-office-this-surveillance-tech-could-be-waiting-for-you/

Zuboff, S.(2019). *The Age of Surveillance Capitalism: The Fight for a Human Future at the New Frontier of Power*. PublicAffairs.

김형민

20년 넘게 '공간'을 축으로 기술과 비즈니스를 연결해 온 신사업 전략 전문가다. KT에서 ICT 기술이 여는 '온라인' 공간의 가능성을 탐색하며 커리어를 시작했다. 현대자동차에서는 데이터를 기반으로 이동의 경험을 재구성하는 '모빌리티' 공간의 서비스를 기획했으며, 골프존에서는 현실의 경계를 넘어선 '가상현실(VR)' 공간의 다양한 신규 사업을 론칭하며 메타버스의 미래를 앞서 경험했다. 현재는 공간 혁신 기업 에스앤아이코퍼레이션에서 종합 부동산 서비스의 '프롭테크' 혁신을 주도하며, '공간이 어떻게 AI를 만나 살아 있는 플랫폼이 되는가'에 대한 답을 현장에서 그려 가고 있다. 이러한 통찰은 고려대학교(신문방송학 학사)와 시드니대학교(미디어학 석사)에서 쌓은 학문적 기반과 서울대학교 MBA에서 다진 비즈니스적 시각 위에 세워졌다. IT 전문가 포럼 '커넥팅 랩'의 멤버로 활동하며 기술과 산업의 미래를 통찰하는 《2024 모바일 미래보고서》를 공동 집필했다.